中职学生成长实践活动与管理

（下册）

主　　审　方　向

主　　编　柳　臻

副 主 编　翟爱国　秦粉香　张大凯

電子工業出版社

Publishing House of Electronics Industry

北京·BEIJING

内 容 简 介

本书是在职业教育教学改革实践中取得的重要成果。通过学生成长实践活动和感悟课为主体的形式，实施素质教育，落实立德树人，构建适合职业学校特点的学生成长管理机制。

全书分上、下两册，每册有4个实践活动模块，每个模块设计6个活动项目，每个活动项目精心安排两项活动，每学年有48个活动供选用，模块后面设计了活动评价内容，每学期一个期末小结。这样安排力求突出学生成长管理主体，形成简明素质教育主线，实现提升育人质量主旨，为学生终身发展服务。

本册为下册，作为职业学校素质教育和学生成长管理参考用书，供二年级学生、教师使用。

图书在版编目（CIP）数据

中职学生成长实践活动与管理. 下册 / 柳臻主编. —北京：电子工业出版社，2017.8

ISBN 978-7-121-32425-3

Ⅰ. ①中… Ⅱ. ①柳… Ⅲ. ①活动课程—教学研究—中等专业学校—教学参考资料 Ⅳ. ①G718.3

中国版本图书馆CIP数据核字（2017）第189159号

策划编辑：柯　彤
责任编辑：柯　彤
印　　刷：涿州市京南印刷厂
装　　订：涿州市京南印刷厂
出版发行：电子工业出版社
　　　　　北京市海淀区万寿路173信箱　邮编　100036
开　　本：787×1 092　1/16　印张：13.5　字数：346千字
版　　次：2017年8月第1版
印　　次：2018年10月第3次印刷
定　　价：32.00元

凡所购买电子工业出版社图书有缺损问题，请向购买书店调换。若书店售缺，请与本社发行部联系，联系及邮购电话：（010）88254888，88258888。

质量投诉请发邮件至zlts@phei.com.cn，盗版侵权举报请发邮件至dbqq@phei.com.cn。

本书咨询联系方式：（010）88254576。

中职学生成长实践活动与管理
（下册）

主　　审：方　向

主　　编：柳　臻

副 主 编：翟爱国　秦粉香　张大凯

编　　者：毛国英　王林林　王高明　王　轶
闫素环　李贵立　李玉芳　汤　菁
欧占彪　秦素琳　谢红贵　谢明慧

前　言

深化职业教育教学改革，全面提高人才培养质量，是职业教育发展的方向。本书是职业学校在教育教学改革实践中取得的重要成果的具体体现，是为了更好地实施“以感悟课为主体的中职学校学生成长管理机制”而编写的校本教材。它的显著特点就是把学生成长与管理作为教育教学改革的重要一翼，指导职业学校开展学生成长实践及感悟课活动，引领学校探索以学生成长实践及感悟课为主体的职业学校管理模式，形成适合职业学校特点的学生成长管理机制，旗帜鲜明地推进素质教育，切实有效地把立德树人落到实处。

本书在编写过程中，坚持立德树人、全面发展的原则，遵循职业教育规律和学生身心发展规律，关注学生职业生涯和可持续发展需要，把培育和践行社会主义核心价值观融入学生成长实践全过程，促进学生德智体美全面发展。坚持以服务发展为宗旨，以促进就业为导向，健全以学生成长实践及感悟课为主体的职业学校学生成长管理运行机制。坚持以增强学生创业创新能力为核心，以加强思想道德为重点，促进人文素养提升和社会实践能力培养，让学生先成人，再成才，快乐成长，全面提高人才培养质量。

在编写结构上，该书贴近学校学生成长管理实际和不同年级学生身心发展规律，精心设计，满足学生成长发展需求。本书分为上、下两册，上、下册各分 4 个学生成长实践活动模块，每个实践活动模块又设计了 6 个活动主体，每个活动主体都精心安排两项活动，每学年有 48 个活动供选用。另外，每个实践活动模块后面还设计了活动评价内容，每个学期期末设计了期末小结。这样安排力求突出学生成长管理主体，形成简明素质教育主线，实现提升育人质量主旨，方便学校参考使用。

在编写内容上，该书根据学生成长实践活动的长远目标和不同年级学生的身心特点，确立学生成长实践活动模块及主体思想。围绕模块及主体思想，搭建丰富多彩的活动平台。让学生在活动中感受快乐，体验成功，磨炼意志，学会生活，学会生存，学会做人。精心设计感悟课，特别是在形式和内容上体现创新，通过感悟课让学生剖析自己在各项活动中的表现，感悟得失，相互交流，从而提高各项活动的成效，促进学生在主体活动中情感升华，思想进步，习惯养成，素质提升，实现培养兴趣、激发动力、提高综合能力的目的。每个模块之后设计了评价活动项目，每两个模块之后设计了期末小结，通过对学生成长实践活动、感悟课、学习等及时开展反馈、总结和评价，逐步建立科学的管理和评价机制，有的放矢，防微杜渐，促进学生健康快乐成长，实现最佳最优的教育教学效果。

在编写形式上，该书每个模块的活动项目在内涵上都力求体现三个层面，形成营造体验活动、促进感悟升华、实现内化行为的育人环境。一是实践活动设计精妙，便于实施，给学生创设体验活动的良好氛围；二是感悟活动触动学生心灵，引领学生自信、向善、进取；三是内化行为环节贯穿学习生活始终，循序渐进促进学生自强、追求和成功。

在编写意图上，该书满足职业学校学生成长管理及学生实践活动需求。力求实现学校对学生成长实践及感悟课的统一安排、统一管理、统一评价，逐步形成以学生成长实践及感悟课为主体的职业学校学生成长运行及管理机制。力求实现满足学生快乐成长需求，见证学生学习、成长进步历程，留下师生友谊和难忘母校的美好记忆。力求实现把对学生成长实践与感悟课活动的评价与“三好学生”、优秀团员、各项星级评比、优秀小组、先进班集体、优秀班主任等评先评优活动结合起来，真正把过程性评价与结果性评价完美融合，树立先进榜样，增强活动效果，促进学校教育教学质量整体全面提升。

本书由柳臻负责全书的编写提纲、组织、培训与指导，张大凯负责全书编写的协调，翟爱国负责上册编写的协调，秦粉香负责下册编写的协调。该书上册模块一由谢红贵和王轶编写，模块二由秦素琳和张大凯编写，模块三由谢明慧和李玉芳编写，模块四由毛国英和翟爱国编写；下册模块一由闫素环和秦粉香编写，模块二由王林林和汤菁编写，模块三由王高明和欧占彪编写，模块四由李贵立和柳臻编写。本书在编写过程中得到了有关领导、专家、教师及有关职业学校的大力支持，各位编写人员也付出了智慧和汗水，在此表示衷心的感谢！

本册为《中职学生成长实践活动与管理》的下册，由四个模块组成，供职业学校二年级学生使用。希望该书能为学生、教师和学校提供服务和帮助。由于编写水平有限，书中难免出现有待商榷之处，请不吝批评指正。

编　者

目　录

模块一　学好技能　学会生存 ······ 001

1. 读书明志 ······ 002
   活动 1　我最喜欢的一本书 ······ 003
   活动 2　读书明志 ······ 007
2. 善学睿智 ······ 011
   活动 1　他山之石，可以攻玉 ······ 011
   活动 2　善学睿智的故事 ······ 015
3. 一技之长 ······ 019
   活动 1　专业技能风采 ······ 020
   活动 2　把握实习机会 ······ 024
4. 升学深造 ······ 027
   活动 1　追梦之路 ······ 028
   活动 2　我的大学生活 ······ 031
5. 创新精神 ······ 035
   活动 1　把梳子卖给和尚 ······ 036
   活动 2　我的小创意 ······ 038
6. 团队意识 ······ 042
   活动 1　竞争与合作 ······ 043
   活动 2　“木桶效应”的启示 ······ 047

活动评价 ······ 050

模块二　学习榜样　勤奋向上 ······ 052

1. 人生励志 ······ 053
   活动 1　格言与行动 ······ 054
   活动 2　要有目标地活着 ······ 057
2. 身边榜样 ······ 060
   活动 1　寻找身边的榜样 ······ 060
   活动 2　年度有影响力的同学 ······ 064
3. 持之以恒 ······ 067

活动 1　坚持的力量 …… 068
活动 2　坚持做好一件事 …… 071
4．如实规划 …… 074
活动 1　正确认识自我 …… 075
活动 2　规划出彩人生 …… 078
5．实干巧干 …… 081
活动 1　耕耘与收获 …… 082
活动 2　勤奋与善思 …… 085
6．追求成功 …… 088
活动 1　成功案例精选 …… 088
活动 2　胸怀梦想，追求成功 …… 092
活动评价 …… 095
期末小结 …… 097

模块三　磨炼意志　适应社会 …… 099

1．抗压耐挫 …… 100
活动 1　逆境还是顺境更有利于成长 …… 101
活动 2　耐挫折训练 …… 104
2．心理健康 …… 108
活动 1　我的心理健康吗 …… 109
活动 2　如何化解不良情绪 …… 113
3．理智坚毅 …… 116
活动 1　冲动是魔鬼 …… 117
活动 2　毅力是打开成功之门的金钥匙 …… 120
4．学会交往 …… 123
活动 1　如何化解人际交往障碍 …… 124
活动 2　人际交往的礼仪与技巧 …… 128
5．学会做事 …… 133
活动 1　实习的日子 …… 134
活动 2　做事应该注意的问题 …… 139
6．敬业精神 …… 143
活动 1　寻找敬业榜样 …… 146
活动 2　谈谈敬业 …… 150
活动评价 …… 154

模块四　增强素质　服务国家 …… 157

1．培养素质 …… 158
活动 1　必须具备的基本素质 …… 159

活动 2　如何提升个人素质……162
2．社会公德……165
活动 1　不良社会公德现象及原因……165
活动 2　寻找最美社会公德瞬间……169
3．创业创新……172
活动 1　中职生创业策划……173
活动 2　创新的力量……177
4．终身学习……180
活动 1　学习伴随终生……181
活动 2　学有所乐……184
5．知责尽责……188
活动 1　我看责任……188
活动 2　寻找身边的尽责榜样……191
6．报效祖国……194
活动 1　爱我中华……195
活动 2　职专生如何报效祖国……197
活动评价……201
期末小结……204

模块一

学好技能　学会生存

随着经济社会的不断进步和科技的发展，单纯依靠体力和年龄优势在城市立足的空间越来越小。自身文化程度不高，没有专业技能，抵御风险能力就比较弱，就业竞争能力也比较差，这样的人常常失业或被裁掉。如何提高自己的就业竞争能力，使自己成为不可替代的人呢？当务之急肯定是学习和掌握一技之长。只有在技能上精益求精，比别人有相当明显的优势，才能在就业竞争中立于不败之地，在社会上更好地站稳脚跟。

技能是立身之本，学会生存，就要从学习基本技能开始。

2009 年 1 月 10 日，时任总理的温家宝同志在视察常州市高等职业教育园时，对同学们说了这样一句语重心长的话："在职业学校学习，不仅要懂知识，还要掌握技能，更要学会生存。"所以，同学们在学校的根本任务不仅仅在于接受固有的知识，还要学会如何学习、如何工作、如何合作，以及如何生存。只有接受了生存教育和经历实践锻炼，才能深知生活的艰辛，明白劳动的意义，享受劳动的快乐。而一个快乐的劳动者，正是社会各行各业所需要的。

根据同学们的实际情况和成长需要，本模块设置了六个项目：读书明志、善学睿智、一技之长、升学深造、创新精神、团队意识。每个项目开设了两个活动内容。

通过同学们的参与和实践体验，使大家认识到专业技能的重要性，培养良好的专业情感，树立自我学习意识，加强竞争观念，掌握扎实过硬的专业技能，努力使自己成为"学会生存，能够就业，热爱工作，服务社会"的技能型劳动者。

同时，依据本模块的主题思想和活动内容，我们制定了相关的评价机制，对同学们在各个活动中的表现和成长给予客观评价，旨在激发同学们参与活动的主动性和积极性，强化活动效果，奖励优秀，激励后进。

1 读书明志

古人云："腹有诗书气自华。"一个人饱读诗书，学识丰富，见识广博，气质才华自然横溢，高雅光彩。读史，思想变得明智；读诗，精神显得灵秀；读文，心灵更为澄澈。当你徜徉于书的海洋，流连于每一篇文辞章节，折服于每一种哲思理念时，你会感到思想的涌动，热血的流淌。执卷在手，是最优美的生存姿态；吟诵经典，是最惬意的心灵享受。因为读书，所以明志。

◆ 活动时间

二年级上学期，9 月上旬，历时 2～3 周。

◆ 活动内容

1. 我最喜欢的一本书

开展读书交流活动。讲述自己的读书经历，谈谈自己的读书感受和心得体会，向同学介绍自己最喜欢的一本书，以及这本书对自己的影响。在交流中互相学习，共同促进，提高阅读质量。

2. 读书明志

举行“读书明志”演讲比赛。谈论读书的重要性，感悟书籍在自己成长中所起的作用，列举历史和现实中关于读书的典型人物事例和名言与同学共勉。

◆ **活动目的**

认识读书的作用，树立积极向上的价值观，培养善读善思的好习惯；学会选择有益的书来读，多读书，读好书；学会思考，明确自己的奋斗目标，确立自己的人生方向。

活动 1 我最喜欢的一本书

创设情境 自古以来，人们就懂得“开卷有益”。培根说：“好书犹如一杯清茶，淡雅而令人回味无穷。”读书不仅对我们的学习有着重要作用，而且对道德素质和思想意识也有重大影响。一本好书，可以影响人的一生。在我们迷茫的时候，它像灯塔指引方向；在我们失意的时候，它像导师给予力量。打开一本书，弥漫着油墨的清香，闪烁着知识的甘露；推开虚掩的智慧之门，体验生命的豁然开朗。平凡的生活，会让你泪流满面；简单的故事，会让你感动一生。

让我们看看一本好书对人的影响究竟有多大。

提起马云，无人不知，他的阿里巴巴在纽交所上市，让他一跃成为中国的新首富。很多人都看到了马云在聚光灯下的风光无限，却极少有人知道，他的人生，其实真正的转折，是因为一本书，那就是路遥的《人生》。

1982 年，18 岁的马云参加了他人生中的第一次高考，用他自己的话说：“天生数学细胞少。”虽然英语考了高分，但他的数学只考了 1 分，自然名落孙山。

落榜之后的马云去酒店应聘服务员，人家都没多看他一眼就把他扫地出门了，主要原因当然是他长得过于“那个”了。

像没头苍蝇一样东碰西撞的马云在亲戚的介绍下，找到一个踩三轮黄包车帮人送杂志的活儿。蹬着黄包车被烈日炙烤、寒风割面的时候，面对未来，他的心里是茫然而无措的，也许这一辈子就这样蹬黄包车度过了吧。

一次偶然的机会，他在火车站附近捡到一本旧书，那是路遥写的长篇小说《人生》。

书里那位农村青年高加林一直为了自己的理想而苦苦追求的形象，像烙印一样烙进了马云的脑海里。虽然小说的结尾高加林因为背叛了世俗意义上的爱情，而被迫走入了人生低谷，但乡村青年高加林奋力打拼未来的形象，在马云内心再也挥之不去。书中那些句子，让他沮丧的内心又重新开始沸腾起来：

“要自强自主，勇敢面对我们不熟悉的世界，不要怕苦难，如果能深刻理解苦难，苦难就给人带来崇高感。”

“生活不能等待别人来安排，要自己去争取和奋斗，而不论其结果是喜是悲，但可慰藉的是，你总不枉在这世界上活了一场。有了这样的认识，你就会珍重生活，而不会玩世不恭，同时也会给自身注入一种强大的内在力量。”……

18 岁的马云读完《人生》之后，做出了一个重要的决定：我要复读，我要再次参加高考！

19 岁的马云，再次走进考场，数学仍是一个拦路虎，19 分，将他拦在大学门之外。他不屈服，再来一次。这次“天生没有数学细胞”的他认真总结教训，想了个笨办法，他把数学书里的公式全部死背下来，考试的时候，把数字往公式里生搬硬套。

就用这个“死笨办法”，他考了个 79 分！终于勉强跨进了杭州师范学院英语系的大门，离本科线差 5 分。他运气好，当时英语系人少，学校临时决定把几个英语好的专科生直接升为本科生。

从此，马云的人生开始慢慢有了起色。而且，此后几十年，他的人生以不可遏制的姿势，在通向成功的路上一路狂奔。

同学们，一本书可以改变一个人的思想，一种思想可以转变一个人的命运。马云从当初的一个沮丧青年到如今的成功人士，如果说这其间有一道看不见的桥梁相通的话，你是否觉得那就是路遥的《人生》呢？

启发与感想

1．你认为《人生》这本书对马云产生的真正影响是什么？

____

____

2．马云的故事对你有何启发？

____

____

3．你所读的哪些书对你产生过怎样的影响？

____

____

体验活动 开展以“我最喜欢的一本书”为主题的读书交流活动。注重宣传，营造书香氛围，在班内形成热爱读书的良好风气，引发全员阅读的热潮，提倡个性化阅读。同学之间交流读书心得，互相推介最喜欢的一本书。

1．宣传准备阶段。

（1）教室内张贴读书标语，办好一期以读书为主题的黑板报。

（2）每个人制定读书目标，确定阅读范围和内容。

2．实施阅读阶段。

（1）阅读图书，做好读书笔记。

（2）开展一日三读：早晨诵读，午间默读，晚间自由读。

3．交流推介阶段。

（1）汇报自己的读书情况：读了哪些书、怎样阅读、有哪些收获等。

（2）展示自己的读书成果：所写的读书笔记（摘录或心得）、制作的读书卡、收集的书目等。

（3）推介自己喜欢的书或文章：概述人物或情节，说出喜欢的理由及对自己的影响。

4．活动总结阶段。

（1）学生总结这次活动的收获。

（2）班主任对活动做整体评价。

感悟表达 根据自己在读书交流活动中的表现，写感悟日记。用文字记录自己在体验活动中的所感所想，以及和同学交流的所得，与大家一起分享自己的收获与感悟。

活动名称	我最喜欢的一本书	活动时间	
收获与感悟：			

心灵沟通 以“我最喜欢的一本书”为主题组织感悟课，可设 2～3 个环节，每个学生都要上台发言，谈自己的读书经历、收获和感想，可用 2 个感悟课时完成本主题。

1．值周班长主持感悟课。

小组活动：

（1）谈自己的读书生活：有人认为读书是一件枯燥的事情，有人却觉得读书是人生快乐事，你是如何看待读书的，谈一谈自己平时是如何读书的。

（2）谈参与读书交流活动的收获与感想：通过这次体验活动，你收获了什么、有何感想、今后怎样努力等。

班内交流：

（1）各组代表发言。

（2）班长总结评价整个活动。

2．评选“读书明星”。

根据学生的读书情况和发言表现，经民主评议通过，评选出 3～5 名“读书明星”给予奖励。

3．班主任对感悟课做总结评点，同时向学生推介其他有益的书籍。

友善点评 通过“我最喜欢的一本书”读书交流和感悟课活动，每个同学都谈了自己的读书经验和体会，有了不少收获，并且在同学之间的交流中互相学习，也增进了友谊。那么，请同学们拿起你的笔，带着你的诚意，为他人写下你最珍贵的留言吧！

留 言 板
同学一：
同学二：
同学三：
教师点评：

建言献策 读书，要读好书，选择适合自己的书来读，但许多学生读书往往带有很大的盲目性，只要是书，拿来就读，不加选择。你认为这样做对吗？请你就中职生应该怎样读书、读什么书提出你的意见和建议。

建议：

____

____

____

____

____

行动点滴 记录自己在读书交流和感悟课活动中的所感所想，以及平时在读书方面的收

获，要有感而发，写出自己读书的真实行动和读书给自己带来的思想变化，留下美好的记忆。（文字、图片、微信等）

年 月 日 星期 天气

年 月 日 星期 天气

年 月 日 星期 天气

活动 2 读书明志

创设情境 自古以来，勤奋读书，提升自我是每一个人的毕生追求。哲学家培根说："读史使人明智，读诗使人聪慧。"书能陶冶人的情操，给人知识和智慧。坚持不懈地读书，就会使我们的精神世界得到充实，思想境界得到提高，道德情操得到陶冶。多读书，可以让你变得聪明智慧，并且有勇气面对和解决生活、工作中的困难，并逐步走向成功。

我们来看下面这位高管读了多少书。

孙正义是软件银行集团公司的创始人，后来成为该公司的总裁兼董事长。他在不到二十年的时间内，创立了一个无人能媲美的网络产业帝国。美国《商业周刊》杂志把孙正义先生称为"电子时代大帝（Cyber Mogul）"，推崇至上。凡是了解他的人和与他共过事的人，都认为孙正义先生不愧此称号。

孙正义在二十三岁的时候，得了肝病，整整住了两年的医院。在两年当中，他阅读了四千本书，平均一天阅读五本书。孙正义在读完了四千本书之后，他根据自己读书的心得写了从事四十种行业的发展计划，他终于明白了自己多年百思不得其解的困惑——要成为世界首富，就必须从事最新兴、最具发展潜力的行业。一出院，他就以坚定的信念决定进军计算机行业，并从这四千本书中总结出了一套与众不同的创业方案。

于是，孙正义创立了他的公司，这时他的员工只有两名。公司开业那天，孙正义站在公司装苹果的水果箱上面，跟他的两名员工说：“我叫孙正义，在25年之后，我将成为世界首富，我的公司营业额将超过一百兆日币！”那两个人听了之后，立刻辞职不干了，他们都以为老板疯了——但他们不知道孙正义两年之内读了四千本书籍！

后来，孙正义真的验证了他苹果箱上的誓言，成为亚洲首富，而且正在向世界首富比尔·盖茨发起挑战！（资料来源于百度网）

同学们，读破万卷书是一个人事业成功的坚实基础，“书中自有黄金屋”是千年不变的真理，首富亦然，我们大家也亦然。对比一下这些伟人，我们当下有许多人以种种原因为借口，远离读书和求知，放任自己成为“平面人”，即便不至于面目可憎，但“腹中原来草莽”，毕竟不是一件光彩的事。

启发与感想

1．孙正义一年读了4000本书，你一年中读了多少本书呢？

____

____

2．你认为孙正义的读书行为与他创立计算机软件批发业务有着怎样的关系？

____

____

3．孙正义的读书量之大令人震惊，这对你有什么启发？

____

____

体验活动 开展以“读书明志”为主题的演讲活动。在活动中提高对读书的认识，树立积极向上的价值观，培养善读善思的好习惯。

1．前期准备。

班主任布置演讲主题“书香伴我成长”，学生人人参与，认真撰写演讲稿，并熟悉演讲内容。

2．举办演讲活动。

要求：紧扣主题，内容生动，格调积极向上，情感真挚，富有号召力和感染力。

（1）先分组演讲，各组选出优秀代表再参加班级演讲。

（2）组成学生评委组，点评激励演讲的学生，评出最佳演讲能手3～5名。

（3）有条件的全程录像，留存资料。

（4）演讲稿装订成册，便于学生相互交流学习和留存。

感悟表达 根据自己在演讲活动中的经历，写感悟日记。用文字记录自己在本次演讲活动中的表现以及与同学交流过程中的所感所想，认真分析自己在演讲中的得与失，与大家一起分享自己的收获与感悟。

活动名称	读书明志	活动时间	
收获与感悟：			

心灵沟通　以“读书明志”为主题组织感悟课，每节课可设计 2～3 个环节，每个学生都要交流自己在读书演讲活动中的经历和感悟，加深理解“读书明志”的意义，感悟读书在自己成长中的作用，可用 2～3 个感悟课时完成本主题。

1．精彩回放。

播放最佳演讲能手演讲时的视频资料，重温学生演讲风采。

2．真诚评点。

对最佳演讲能手的演讲进行评点，从语言到内容是否符合主题，从仪态到情感表现是否到位等，并找出其优点和不足，指明值得自己学习的地方。（学生自由点评）

3．交流感悟。

说一说自己在这次读书演讲活动中的体会和感想，表明对读书的态度和应付诸的行动。（可随机点几名学生发言，也可指定表现优秀的学生发言）

4．值周班长总结感悟课情况，提出优缺点及努力方向，对活动中表现突出的学生给予表扬。

5．班主任对感悟课活动提出指导，强化感悟主题，明确读书对一个人成长所起的重要作用，希望继续发扬“好读善思”的良好作风，努力提高自身文化素养。

友善点评　通过演讲和感悟课活动，同学们对“读书明志”的理解又加深了一层，并且有了深切的体会，同学之间也相互有了交流。那么，每个人在活动中的表现如何呢？请同学们拿起你的笔，带着你的诚意，为他人写下你珍贵的留言吧！

留　言　板
同学一：
同学二：
同学三：

教师点评：

建言献策 近年来，随着生活节奏的加快和网络的出现，人们用来读书的时间越来越少，尤其是年轻人，宁愿选择终日在无聊的网络游戏和电视中消磨时光也不愿去碰一本书。在读书越来越不被人重视的今天，在互联网已经遍布世界的当下，你对如何处理好网络和读书之间的关系有什么好的想法和建议呢？

建议：

行动点滴 记录自己在本次演讲和感悟课活动中的所感所想，写出自己真实的读书经验和感受，以及在书香熏陶下的思想变化和成长的心路历程，深切感受书籍在自己成长中的作用，留下美好的回忆。（文字、图片、微信等）

年　月　日　　星期　　天气

年　月　日　　星期　　天气

年　月　日　　星期　　天气

2 善学睿智

人的高尚品德不是天生的，而是在后天的学习和生活中逐渐培养起来的。学习是开阔视野、丰富知识、增长才干、发展能力的重要途径。学习可以使我们明辨是非美丑，塑造健康人格；可以充实我们的精神生活，提高我们的品德修养，正确把握人生之舵。不断地学习，能够使人成为一个知识渊博、道德高尚、精神纯洁的人。

◆ 活动时间

二年级上学期，约 9 月中旬，历时 2～3 周。

◆ 活动内容

1．他山之石，可以攻玉

开展学法交流活动。同学们互相介绍自己的学习经验和体会，共同探讨高效可行的学习方法，养成良好的学习习惯，提高学习成绩。只有掌握了好的学习方法，才可以起到事半功倍的效果。

2．善学睿智的故事

办一期以“善学睿智”为主题的手抄报。收集整理古今关于善于动脑、用心专一、自主探索以及通过学习改变自我、改变人生的名人故事或身边的现实例子，并注意积累相关的名言，从中获取感悟和启发，不断激励自己。

◆ 活动目的

让同学们认识到学习方法的重要性，知晓“善学睿智”的含义；通过学法交流和手抄报活动，使同学们学会学习和交流，掌握正确的学习方法，养成良好的学习习惯，提高学习效率，提升自身智慧和涵养，为今后的发展打下坚实基础。

活动 1　他山之石，可以攻玉

创设情境 美国未来学家阿尔文·托夫勒说过：“未来的文盲不再是不识字的人，而是没有学会学习的人。”知识不断更新，终身学习已成为人们生存与发展的必然要求。面对信息时代的挑战，我们必须学会学习，善于学习。学习的方法很多，除了向书本学习之外，还要善于向他人学习，向实践学习。我们要合理利用各种学习方法，争分夺秒，惜时如金，刻苦学习，不断充实与完善自我。

我们来看一看古人是如何学习的。

春秋时代的孔子是我国伟大的思想家、政治家、教育家，儒家学派的创始人，人们都尊奉他为圣人。然而孔子认为，无论什么人，包括他自己，都不是生下来就有学问的。

一次，孔子去鲁国国君的祖庙参加祭祖典礼，他不时向人询问，差不多每件事都问到了。有人在背后嘲笑他，说他不懂礼仪，什么都要问。孔子听到这些议论后说："对于不懂的事，问个明白，这正是我要求知礼的表现啊。"

孔子的名言："三人行，必有我师焉。择其善者而从之，其不善者而改之。"意思是说，在众人之中肯定有值得你学习的东西，因而要虚心学习别人的长处，把别人的缺点当镜子，对照自己，有则改之，无则加勉。敏而好学，不耻下问，虚怀若谷，这些，应该成为每个人的重要修养。

那时，卫国有个大夫叫孔圉（音 yǔ），虚心好学，为人正直。当时社会有个习惯，在最高统治者或其他有地位的人死后，给他另起一个称号，叫谥（音 shì）号。按照这个习俗，孔圉死后，授予他的谥号为"文"，所以后来人们又称他为孔文子。

孔子的学生子贡有些不服气，他认为孔圉也有不足的地方，于是就去问孔子："老师，孔文子凭什么可以被称为'文'呢？"

孔子回答："敏而好学，不耻下问，是以谓之'文'也。"意思是说孔圉聪敏又勤学，不以向职位比自己低、学问比自己差的人求学为耻辱，所以可以用"文"字作为他的谥号。（资料来源于百度网）

同学们，孔子作为一个圣人，还能够做到"不耻下问"，虚心向他人学习，何况我们呢？

启发与感想

1．孔子对待学习的态度是什么？

______

______

2．你所知道的孔子关于学习的言论有哪些？

______

______

3．你平时用到的学习方法有哪些？

______

______

体验活动 组织学生开展以"他山之石，可以攻玉"为主题的学习方法交流活动。学生提前通过网络查阅“他山之石，可以攻玉”的出处和意思，理解其含义，做好前期资料准备工作。

1．小组交流。

（1）讨论学习的重要性，交流各自的学习方法，互相借鉴。

（2）组内推选最佳学习方法。

2．班内交流。

（1）各组代表发言，介绍自己的学习经验和方法。

（2）民主评议，大家公认，推选班内最切实有效的学习方法。

（3）整理各组代表的发言文稿，装订成册，便于学生相互交流学习和留存。

3．班主任总结学习方法交流活动的情况。

感悟表达 写感悟日记，用文字记录自己在学法交流活动中，学到了哪几种好的学习方法，这些方法对自己今后的学习有哪些帮助，以及自己在活动中的感悟，与同学一起分享。

活动名称	他山之石，可以攻玉	活动时间	
收获与感悟：			

心灵沟通 以“他山之石，可以攻玉”为主题组织感悟课，每节课可设计 2～3 个环节，同学们谈谈在这次学习方法交流活动中的感想和收获，可用 1～2 个感悟课时完成本主题。

1．值周班长主持感悟课，同学们就自己在学习方法交流活动中的收获与感悟在班上发言交流。

（1）交流收获与感悟：同学们在班上诵读自己的感悟日记，分组相互点评发表意见。

（2）介绍经验与方法：请班内学习成绩好的学生介绍自己的学习经验和学习方法，大家相互借鉴。

（3）制订计划和明确目标：每个学生根据自己的实际情况，制订学习计划和明确学习目标，将所掌握的学习方法用于实践中。

2．值周班长总结评价感悟课活动情况，提出优缺点及努力方向。

3．班主任对感悟课活动提出指导，强化感悟主体，明确“学无定法，但有章可循”，掌握正确的学习方法，养成良好的学习习惯是学习成功的必经之路。

友善点评 通过学法交流活动和感悟课上大家的发言，相信同学们已经了解了不少学习方法，也掌握了一些行之有效的学习方法。大家在交流中互相学习，增进了感情，请同学们拿起笔，带着你的诚意，为你的同学写下你真诚的留言吧！

留　言　板
同学一：
同学二：
同学三：
教师点评：

建言献策 当今社会是一个开放的社会，是一个互相学习的社会，故步自封或因循守旧是不可能有所进步的，注定只能被对手甩在后面，充当社会的弃儿。但如何向他人学习呢？你有什么好的意见或建议？

建议：

行动点滴 记录自己在本次学习方法交流和感悟课活动中的所感所想，以及与同学合作、交流、探讨的情景，留下美好的记忆。写下掌握了新的学习方法之后在学习上取得的效果，感受学有所得的快乐心情。（文字、图片、微信等）

年　月　日　　星期　　天气

年　月　日　　星期　　天气

年　月　日　　星期　　天气

活动2　善学睿智的故事

创设情境 人生是个不断提升的过程，任何人在平凡的岗位上，都应该不断提升自己的技能和眼界。所以，善于学习，并坚持不断地学习，是提升自己的唯一途径。但是，目前学校中厌学的学生越来越多，尤其是中职生，学习对他们来说要么是一种负担，要么是一种不得不做的作业，很少有人觉得学习是一种快乐。为什么在物质条件越来越好的今天，厌学现象却越来越普遍？学习对于人生，对于我们生命成长的意义究竟在哪里？

我们来看一个真实的事例。

张立勇出生在江西赣南山区的一个小山村，因家境比较贫困，高二开学刚刚一个月便辍学了，后经过亲戚介绍，来到清华大学食堂工作。在清华，张立勇每天晚上都会去听一些大师和名人的演讲，有时候下班比较晚，只能站在后面听一些结尾。听这些大师和名人演讲，让张立勇迅速得到了成长。为了学好英语，张立勇每天早上四点多起床，每天坚持自学七八个小时，有时候学到凌晨一两点钟。无论是寒冬腊月还是酷暑炎夏，他对英语的学习从来都没有中断过。在自己的床头，张立勇用毛笔写着“克己”和清华的校训“行胜于言”，以告诫自己不许偷懒。同时他还参加清华大学一些英语俱乐部和英语角活动。最后通过自己努力学习通过了大学英语四六级考试，参加托福考试竟然考了630分，这个分数比很多清华在校学生考得还高。

一时间，张立勇在清华大学获得了轰动，成为热点话题。他从一个名不见经传的小厨师，顿时成为新闻人物，在各大高校的论坛上飞一样地传开了。媒体开始关注张立勇，渐渐地，社会各界开始知道他。2004年10月，共青团中央向张立勇颁发了“中国青年学习成才奖”，他被誉为团中央树立的“全国十大杰出学习青年”之一，还受到中央电视台《东方之子》《面对面》《新闻会客厅》等有影响的栏目和100多家媒体的采访报道。

张立勇之所以能有这样的成就，归功于他的学习力。张立勇在接受记者采访时说“学习真的可以改变命运”，他也倡导大家用学习的力量来改变自己的命运。

启发与感想

1．张立勇从一个名不见经传的小厨师成为新闻人物，他的转变给你的启发是什么？

2．学习改变命运，对此你有什么看法？

3．你平时是如何对待学习的？

体验活动 办一期以“善学睿智的故事”为主题的手抄报。收集一些较有说服力的善学睿智的故事和名言，同学之间互相交流、评比，在交流中认识到学习可以增益智慧，改变命运，从而激发学习动力。

1．活动内容。

（1）以“善学睿智”为主题办手抄报。

（2）内容要丰富多彩，可以是关于学习的名言名句，也可以是名人或身边人善于学习，增益智慧的故事；

（3）要求图文并茂，可读性强，知识性和观赏性有机统一。

（4）手抄报统一用4开白纸（美术白纸或旧挂历）。

2．活动要求。

（1）人人参与，动手收集相关资料，每人办一份手抄报（或小组合办）。

（2）必须手写，禁止打印，在规定时间内完成。

3．活动过程。

（1）利用课余时间收集资料，动手制作。

（2）在规定时间内上交成果，班内展示，共同分享。

（3）组成学生评委组，点评学生的作品，评出优秀手抄报8～10份。

（4）相机拍照，留存资料。

（5）手抄报装订成册，便于学生今后相互交流学习和留存。

感悟表达 根据参与办手抄报的经历，写感悟日记。记录自己在本次活动中的表现，分析得与失，以及与同学相互交流过程中的收获与感想，与同学一起分享。

活动名称	善学睿智的故事	活动时间	
收获与感悟：			

心灵沟通 以“善学睿智的故事”为主题组织感悟课，每节课设计 2～3 个环节。针对办手抄报的体验活动进行回顾总结，与同学交流观看手抄报展览的感想以及活动之后自己的认识和收获，反思自我，以促进步。每个学生都要上台发言交流，根据情况可用 2～3 个感悟课时完成本主题。

1．值周班长主持感悟课，同学们就自己的活动体验和感悟在班上发言交流。

（1）同学们谈举办活动的感想和收获。

（2）在班上展示优秀的手抄报，并请获奖者谈自己办报的想法或经过。

（3）大家分别就其内容、质量等做点评。

（4）班长总结整个感悟课活动情况，对同学的态度、发言等进行评价，指出不足之处，并提出改进意见。

2．班主任对感悟课活动提出指导，强化感悟主体，明确读书生智慧，人的智慧在读书中会得到启迪，经常读书善学会使人睿智，这是不争的事实。

友善点评 通过办手抄报及感悟课活动，大家一定有了不少收获，每个同学也都从“善学睿智的故事”中受到了启发，并且在同学们的相互交流中学到了不少东西。那么，对同学的表现，你还有什么要说的吗？请写下你善意的留言吧！

留　言　板
同学一：
同学二：
同学三：

教师点评：

建言献策 学习可以改变自我，改变生活，改变命运。然而现实中，好多中职生总是把学习的时间用在打游戏、上网聊天等毫无意义的事情上，肆意浪费，虚掷时光。你对转变中职生的学习态度有什么好的想法或建议？

建议：

行动点滴 记录自己在编办手抄报和感悟课活动中的所感所想，以及与同学观看手抄报展览和交流之后自己在学习上的变化，取得的成绩和收获，留下深刻的记忆。（文字、图片、微信等）

年　月　日　　星期　　天气

年　月　日　　星期　　天气

年　月　日　　星期　　天气

3 一技之长

“技能是立身之本”，过硬的专业技能是我们立足社会的必备法宝。比尔·盖茨在 10 大优秀员工准则中提到：具有远见卓识，并提高专业知识和技能。由此可见，专业知识和技能是成为一名成功的职业人士的基本条件。我们中职生要充分利用在校的有限时间，树立信心，学好知识，真正掌握一技之长，为就业、创业、立身社会打下良好基础。

◆ 活动时间

二年级上学期，约 10 月上旬，历时 2～3 周。

◆ 活动内容

1．专业技能风采

参加技能比赛。结合学校举办的技能大赛，做好技能展示准备。全员参与，层层选拔，逐级参赛。先组织班级技能活动周，人人展示自己的专业风采，班内选拔出优秀选手参加校级技能比赛，在比赛中不断提升自己的专业能力和素养。

2．把握实习机会

参与顶岗实习。根据学校或班级的计划安排，参加实践实习活动，接受企业实践锻炼，把自己所掌握的专业理论知识运用于实践活动中，在实践中检验自己的专业能力，同时积累丰富的专业知识和技能经验，为以后的就业、创业打下坚实的基础。

◆ 活动目的

通过参与技能展示和顶岗实习，认识专业技能的重要性，进而激发学习专业技能的兴趣和热情，勤学苦练，真正掌握牢固的专业知识，提高技能水平，培养全面的专业技能素质，练就一身上岗就业的本领。

活动 1 专业技能风采

创设情境 中职生面临就业，能否找到一份好的工作，专业技能素质很重要。随着市场经济的不断完善和市场竞争的日趋激烈，社会对人才的认识也发生了变化，由注重文凭转向注重实际操作能力，人们开始认识到专业技能的重要。那些尽管学历不高，但动手能力强、技能水平高的人才，正是实际工作中适用和急需的人才。

我们来看一则中职生创业的先进事例。

在河南省博爱县孝敬镇万亩示范园区中心地段，有一个拥有 2000 余座日光温室大棚的金都白灵菇合作社。合作社利用周围县市的小麦、玉米秸秆和剪下的果树枝等栽培食用菌，既可以生产美味可口的健康食品、创造可观的经济效益，而且生产后的废料，除了可以当绿色农用肥料外，还可作为猪、羊、牛的饲料，为农业循环发展创造了一条新途径。这条围绕食用菌建立起来的“白色产业链”每年可实现经济效益数百万元，而用“白色产业”让村民捧上“绿色饭碗”的“领头雁”就是毕业于博爱县职业中专的崔三方。

1971 年，崔三方出生于博爱县孝敬镇内都村一个农民家庭。从小学到初中，他每天在帮助母亲忙完农活后，总是伏在昏暗的油灯下读书写字，直到夜深。1987 年，他初中毕业考上了博爱县职业中专，选择了种植专业。上学期间，他对日光温室食用菌栽培技术产生了兴趣。课堂上，他认真学习，课下喜欢缠着老师刨根问底，着重收集和食用菌有关的资料。在校 3 年，他竟手抄了厚厚的 6 本资料。

因家境等种种原因，中专毕业后他与心仪已久的大学失之交臂。回到家中，看着贫穷落后的乡村面貌，心中最大的愿望就是为家乡办点实事，让村民过上好日子。当时，正值当地政府大力倡导发展温室经济。然而，当时内都村及周围各村的农民只知种小麦、玉米等常规作物，对温室大棚的种植技术无论如何都接受不了。根据家乡的情况，他决定乘此东风，发展食用菌，结合在校所学的过硬的食用菌基础知识，首先在自家的自留地上建起了村里第一座简陋的食用菌大棚。经过辛勤的劳作，所种植的平菇、木耳、银耳仅一个冬季和春季，就获纯利一万多元，一下子震惊了整个村子。在他的带动和指导下，村里人包括邻村的农民也都开始学栽食用菌，以此脱贫致富。

后来，他凭借对食用菌栽培技术的掌握和对市场行情的了解，联系了几家农户贷款十万余元，承包了十多亩土地，建成了三十多个大棚，成为当地小有名气的食用菌栽培基地。当年，他们栽培平菇万余斤，没有污染一袋，五个月收入 3 万元，成为博爱温室大棚栽培平菇第一人。时任河南省省委书记李长春视察他的基地时，给予高度评价。

2010 年，为了实现规模效应，让更多的农民致富，在当地政府和科技、农业等部门的支持下，崔三方组建了金都白灵菇合作社。配套的菌种厂、冷库、小型加工厂等一体的工作环境和研究开发中心也发展了起来。食用菌工厂化、标准化、集约化在这里基本实现。

为了加快食用菌产业的科技进步，推动智能化生产，如今，崔三方正在思考如何实施“食用菌产业转型升级关键技术集成与示范”项目，不断加大食用菌产业的科技创新，促进食用菌由食材供应向药用、保健品等精深加工领域和高端产品发展，以引导更多农户走上食用菌致富的道路。（资料来源于2012年《焦作日报》）

启发与感想

1．崔三方带领家乡农民走上致富之路主要靠的是什么?

____

____

2．崔三方成功的事例对你有什么启发?

____

____

3．你认为创业必备的条件有哪些?

____

____

体验活动 以“一技之长”为主题组织技能大赛。开展专业技能展示活动，检验实际操作熟练程度，展示专业技能，体现自我风采，增强专业意识，提高专业技能。

1．第一阶段：班级技能周。

班内举行技能选拔赛，人人参与。

（1）报名准备：根据本专业特点，每人选报1～2项专业技能参与展示；准备技能展示的材料和工具；利用课余时间操作练习。

（2）班内展示：学生分别展示自己的专业技能；组成学生评委小组，点评学生的作品，评出优秀选手。

2．第二阶段：校级技能月。

（1）展示历届职业技能大赛视频或图片。

（2）各班优秀选手参加校级同类专业比赛。

（3）组成专业教师评委组，评出校级技能优胜者。

（4）专人相机拍照录像，留存资料。

3．第三阶段：总结与评价。

（1）每人根据自己参与技能展示的情况进行自我评价，写出总结。

（2）根据同学们在班级、校级技能比赛中的表现评出“技能之星”。

感悟表达 根据参加班级或校级技能比赛的经历，写感悟日记。用文字记录自己在比赛中的表现，以及观看同学展示专业风采时的感受与收获，描写给自己留下印象最深最美的片段，与同学一起分享自己的收获与感悟。

活动名称	一技之长	活动时间	
收获与感悟：			

心灵沟通 以“一技之长”为主题开展感悟课，可设计 2～3 个环节，同学们互相交流参与技能比赛活动的心得体会，可用 2～3 个感悟课时完成本主题。

1．值周班长主持感悟课，同学们就自己在技能展示活动中的感悟发言交流。

（1）精彩回顾：值周班长播放提前整理好的同学们在技能展示活动中的精彩画面，再现大家的专业风采。

（2）小组讨论：每人谈自己在技能比赛中的经历和感受，互相交流学习，最后确定出能代表小组发言的同学。

（3）班上交流：各组代表发言，总结本组讨论交流的情况，发表对技能展示活动的看法和感想。

（4）值周班长总结评价整个活动过程。

2．班主任就这次技能展示活动和感悟课做总体评价，对同学们的积极表现给予肯定和鼓励，同时也指出存在的问题和不足，提出新的要求和努力方向。

友善点评 通过参加技能比赛和感悟课活动，同学们都展示了自己的专业技能，并且有了一定的收获，在技能观摩中又见识了其他同学的专业技能风采。那么，大家互相点评一下对方的表现吧，请同学们拿起笔，为他人写下你真诚的留言吧！

留　言　板
同学一：
同学二：
同学三：

教师点评：

建言献策　大赛点亮人生，技能改变命运。就业靠竞争，上岗凭技能。拥有一技之长对今后的就业发展至关重要，中职生在校期间如何掌握较强的专业技能？谈谈你的想法或建议。

建议：

行动点滴　记录自己在本次技能比赛和感悟课活动中的所感所想，以及比赛之后在学习专业技能过程中的点滴进步和收获，写出自己的真实体验和情感，留下美好的记忆。（文字、图片、微信等）

年　月　日　　星期　　天气

年　月　日　　星期　　天气

年　月　日　　星期　　天气

活动2 把握实习机会

创设情境 顶岗实习是提高学生实践技能和专业能力的重要教学方式，是中职学生的必备课程，也是培养中职学生养成职业素养、提升职业能力、促进全面发展的有效形式。通过实习，可以感知企业文化，将所学专业知识与生产实际相结合，培养自己分析问题和解决问题的能力，更好地完善自身知识和能力结构。所以，中职生要随时把握好每一次实习机会，把技能训练与生产实践紧密结合，有利于养成更为全面的专业技能素质。

我们看一下中职生通过实践锻炼走上成功之路的事例。

徐平，07级信息技术班实习生，在博洋电脑参加了一年的实习，现如今已成为博洋电脑公司的一名技术员。

博洋电脑公司虽然称不上大公司，但对实习生的挑选也相对比较严格。第一、要与专业知识挂勾，所以必须有一定的专业知识。第二、需要上门为客户维修电脑和安装网络等，即要有一定的与人交流的能力。第三、最重要的是需要一种务实精神，每个工作单位都需要一个踏踏实实上进的人。由于徐平在校期间担任班长一职，积累了一定的工作能力，也培养出了工作的责任心，不管是组织活动，还是与周围同学交流，都做得很好，都能有条不紊地处理好各类事情。因此，在面试时，他轻松地过了关，成为了博洋电脑公司的一名实习生。

“我觉得任何一个工作岗位的求职，我首先要知道它的要求，并依据自身特点来表现自己适合它的需要，这才是最重要的。在校期间，我年年都拿奖学金，担任班长和住管会工作对我顺利面试起到很大作用。”进入博洋电脑公司后徐平深有感触地说道。

一进博洋电脑公司，他就被安排当学徒。从师傅高老师的身上，他不但学习到了专业知识，还学习到了沟通交流的技能、处事风格、思考问题的方式。他说尽管高老师很忙，但却很有耐心，乐于给他指导。徐平学的是计算机信息类的专业，与网络这一块相关，但不甚相同。所以刚进去，他就有点不知所措，连根网线都不会做，连系统也不会装，还有什么交换机什么路由器，都一窍不通。但是他认真学习，用心记忆，很快就掌握了很多东西。一年下来，徐平从徒弟成长为一名师傅，还教同事的女儿学习Flash动画制作，他指导的Flash作品还获了奖。“主动积极，大胆请教，实习生经验不足谁都能理解，只要你努力去学习和尝试，别人不但不会看扁你，反倒更愿意帮助你。”这是徐平自己总结出来的经验。

通过实习，徐平深刻体会到赚钱的不容易。实习期间，工资水平普遍不高，他开始一个月才800多元，除掉日常的吃饭和坐车便所剩无几，但他没有换单位的念头，他认为，这个工作虽然累，但能学到不少知识，实习是学习的阶段，而不是赚钱的阶段。正是他这种端正的心态，让他不断地涨了工资，现在已经每个月有1500元了。

实习期间，徐平勤奋认真、吃苦耐劳，给博洋电脑公司留下了深刻的印象，得到了公司人员的认可。（资料来源于文档资料共享网）

启发与感想

1. 徐平为什么能够顺利通过面试？

2．实习期间徐平有哪些表现？

3．徐平成功的事例对你有什么启发？

体验活动 把握实习机会，到企业或单位参加实践活动，接受锻炼。提前联系实习企业或单位，或校内实践，安排好实习时间。

1．实习动员。

由学校领导或班主任对学生进行实习前的思想引导和动员，讲明有关情况及注意事项，使学生对顶岗实习产生正确的认识。

2．实习准备。

（1）制订实习计划和管理方案。

（2）制定实习考核制度。

（3）学生准备好实习所需的相关证件或资料。

3．实践活动。

（1）根据实际情况，由班主任或实习教师组织、指导，上岗实践。

（2）按岗位要求工作，摆正心态，认真履行岗位职责。

（3）做好实习笔记，记录自己每天的收获与感受。

4．实习总结。

（1）实习结束做好总结，学生发表感想，分享交流。

（2）组织学生评委组，点评激励发言的同学，评出优秀实习生。

（3）班主任总结实习过程，对同学们在实习期间的表现给出评价。

（4）实习总结装订成册，以便于同学们相互交流学习和留存。

感悟表达 根据自己的实习经历写感悟日记，用文字记录自己在实践活动中的表现、感悟和收获，分析得与失，与同学一起分享自己的感悟。

活动名称	把握实习机会	活动时间	
收获与感悟：			

心灵沟通 以“把握实习机会”为主题组织感悟课，每节课设计 2～3 个环节，每个学生都要上台发言交流，大家就本次实践活动发表自己的看法和感受，谈谈实习对自身能力的提高和发展所起的作用，可用 2 个感悟课时完成本主题。

1．值周班长主持感悟课。

（1）小组讨论参与实习的经历和感受，每组选出一名代表，可围绕“对实习的认识、在实习中印象最深的事情、实习后的收获”等问题进行讨论交流。

（2）各组代表在班上发言，交流自己的实习感悟。

（3）班长总结评价整个感悟课活动，对发言的同学给予表扬。

2．班主任对感悟课活动提出指导，强化感悟主体，明确参加专业实践对人的发展具有重要作用。

友善点评 通过参加实践活动和感悟课上大家的交流，每个同学都认识到了实习的重要性，也学到了很多东西，积累了丰富的实践经验。同学之间通过交流也有了很多收获，对同学们的表现你还有什么话要说的吗？写下你真诚的留言吧！

留　言　板
同学一：
同学二：
同学三：
教师点评：

建言献策 端正态度，认真对待企业实践。中职生由学校转入企业，由学生转入岗位工人，角色的转变往往一时难以适应。那么，中职生在实习前应做好哪些心理准备呢？谈谈你的想法和建议。

建议：

行动点滴　记录自己在本次实习和感悟课活动中的所感所想，以及实习过后自己在学习专业技能方面的新的认识和所取得的成绩，增强对未来专业发展的信心，留下美好的记忆。（文字、图片、微信等）

年　月　日　　星期　　天气

年　月　日　　星期　　天气

年　月　日　　星期　　天气

4 升学深造

过去，不少人认为，读中职意味着求学生涯走到尽头。随着现代职业教育体系的建立，这样的情况有了变化，中等职业教育已不再是终结性教育，已打通从中职到高职专科、再到应用型本科以及研究生的职业教育人才培养通道，中等职业学校毕业的学生也可以继续升学深造。

◆ 活动时间

二年级上学期，约10月份，历时2～3周。

◆ 活动内容

1．追梦之路

刻苦学习，考上大学。确定自己的努力方向，制订合理的学习计划，坚持梦想不放弃，激发学习动力，积极进取，努力探索，坚持不懈，刻苦学习，最终考上大学，实现自己的梦想。

2．我的大学生活

规划自己的大学生活。面对未来的大学生活，提前做好规划，努力为自己编织生活梦想。想象理想中的大学，描述美丽的校园风光，在充满书香和人文气息的校园里，学习自己喜欢的专业，尽情展示个性，发展自我，不断进取，过一个快乐充实的大学生活。

◆ 活动目的

明确自己的学习目标，增强学习意志，激发学习动力，勤奋刻苦，不断进取，力争考入理想大学继续深造，为实现自身价值，奠定事业基础而努力。

活动1 追梦之路

创设情境 人要有梦想，有了梦想才会努力奋斗，人生才会更有意义，没有梦想的人生是不完美的。作为中职生，同样有属于自己的梦想，有了梦想，就努力去追求，终会得到实现。

我们来看一下这位中职生的追梦之路吧！

王前，河南省博爱县许良镇人。由于中招考试成绩不理想，与重点高中无缘，来到了博爱县职业中专，选择了电器专业。他的梦想是考上一所理想的本科院校，继续学习自己喜欢的电器专业，将来成为一名具有精湛技艺的优秀人才。

在校期间，他学习非常勤奋刻苦，不管是文化课还是专业课都踏踏实实，认真对待，牢固掌握。面对自己感兴趣的各种电器设备，他经常认真观察、拆装、维修，反复操作，一丝不苟，精益求精，在掌握理论知识的同时，动手能力也得到了锻炼。为了实现自己的大学梦想，他每天都要利用比别人多的时间学习，而且乐在其中，成绩也一直名列前茅。因为有明确的梦想，所以他很有计划地安排自己的学习和生活，除了提高自己的专业技能外，还经常参加省市各类技能比赛，并获得了不少荣誉。他觉得当初来到了职业学校，自己的选择没有错，不仅学到了很多东西，能力得到了提升，而且也受到老师和同学的赞赏。

在 2015 年的对口升学高考中，王前以优异的成绩位居全省同类专业第五名，顺利考上了理想的本科院校，实现了自己的梦想。

启发与感想

1．有人说，不上重点高中就考不上好的大学，对此你有什么看法？

2．王前同学的事例对你有什么启发？

3．来到职业学校，你的梦想是什么？你将如何去做？

体验活动 梦想的实现需要刻苦学习，付出行动。在通往梦想的路上，人人需要努力，执着坚持，奋力拼搏。

1．确定奋斗目标。组织讨论“为梦想而战”，大家交谈自己的梦想，互相鼓励。

2．制订学习计划。每个学生根据自己的实际情况，制订学习计划，可以是长期计划，也可以是短期计划。

3．实施行动——刻苦学习。大家互相督促，互相帮助，携手努力，共同进步。

刻苦学习要体现在：

（1）学习态度上：认真端正，谦虚严谨，实事求是，一丝不苟，不怕困难，勇于进取等。

（2）学习行为上：按时上课，不迟到不旷课；课堂上认真听讲，记课堂笔记；课下除了认真完成作业外，还要做好复习和预习；合理安排时间，劳逸结合；等等。

4．交流经验。组织学习经验交流会，同学们就自己一段时间内的学习体会和感受进行总结交流，互相学习，取长补短，共同促进。可设计具体的问题，也可就相关事例进行分析总结。

以下问题可供参考：

（1）在本阶段的学习中，你遇到过哪些困难挫折，你是如何面对的？

（2）在下一阶段的学习中，哪些方面还应进一步完善或提高？

（3）你认为在追逐梦想的路上应该具备什么样的精神和品格？

（4）每个人写出自己的励志名言，激励学习动力。

感悟表达 根据自己刻苦学习的经历写感悟日记，用文字记录自己在学习实践中的表现和收获，描述自己美好的梦想，以及立志实现的信心和决心，与同学分享。

活动名称	追梦之路	活动时间	
收获与感悟：			

心灵沟通 以“追梦之路”为主题组织感悟课，可设计 2～3 个环节，每个同学都要上台发言，大家就刻苦学习的经历发表感言，互相交流分享自己在学习过程中的收获与感悟，可用 2 个感悟课时完成本主题。

1．值周班长主持感悟课，同学们就自己的学习体会在班上发言交流，诵读自己的感悟日记。

（1）同学们分组交流自己的感受。

（2）小组代表在班上交流自己的感受，同学点评发表意见。

（3）值周班长总结感悟课情况，提出优缺点及努力方向。

2．班主任对感悟课活动提出指导，强化感悟主题，明确理想的实现需付出一定的努力，要从现实做起，从具体事情做起，不断努力，才能达到理想目标，否则理想就变成空中楼阁。

友善点评 通过刻苦学习和感悟课活动，每位同学都明确了自己的梦想，知道了在追梦的路上该如何去做，增强了奋斗的动力。同学们之间的交流也加深了情感，增进了友谊，你对同学们的表现还有什么要说的吗？写下你真诚的留言吧！

留 言 板
同学一：
同学二：
同学三：
教师点评：

建言献策 激扬青春，志存高远，放飞梦想，顽强拼搏。步入了中职学校，就选择了适合自己发展的人生之路。但是，有些同学身上或许还存在有这样那样的缺点或陋习，这些都有可能成为追梦路上的障碍，对于如何正视这些问题，你有什么好的想法或建议？

建议：

行动点滴 记录自己在刻苦学习过程中的点滴收获，为梦想奋斗的路上遇到困难挫折时的心理感受和具体的做法，以及取得成绩时的兴奋心情，增强“为梦想而战”的信心和决心。（文字、图片、微信等）

年 月 日 星期 天气

年 月 日 星期 天气

年 月 日 星期 天气

活动 2 我的大学生活

创设情境 大学阶段是我们人生中最为重要的时光，也是人生中最美妙的一段经历，许多还在奋斗的中学生心中都在憧憬着未来的大学生活，你是不是也在设想勾画呢？未来的大学生活会是什么样呢？

我们来看一下名人的大学生活是怎样的。

俞敏洪毕业于北京大学本科英语专业，是新东方教育集团的创始人，英语教学与管理专家。在北大校庆的演讲上，他谈了自己在北大的体会，下面是摘录他的部分演讲内容。

可以说，北大是改变了我一生的地方，是提升了我自己的地方，使我从一个农村孩子最后走向了世界的地方。毫不夸张地说，没有北大，肯定就没有我的今天。北大给我留下了一连串美好的回忆，大概也留下了一连串的痛苦。正是在美好和痛苦中间，在挫折、挣扎和进步中间，最后找到了自我，开始为自己、为家庭、为社会能做一点事情。

人的进步可能是一辈子的事情。在北大是我们生活的一个开始，而不是结束。有很多事情特别让人感动。比如说，我们很有幸见过朱光潜教授。在他最后的日子里，是我们班的同学每天轮流推着轮椅在北大校园里陪他一起散步。每当我推着轮椅的时候，我心中就充满了对朱光潜教授的崇拜，一种神圣感油然而生。所以，我在大学看书最多的领域是美学。因为他写了一本《西方美学史》，是我进大学以后读的第二本书。

我也记得自己进北大以前连《红楼梦》都没有读过，所以看到同学们一本一本书在读，我拼命地追赶。结果我在大学差不多读了八百多本书，用了五年时间。但是依然没有赶超上我那些同学。我记得我的班长王强是一个书癖，现在他也在新东方，是新东方教育研究院的院长。他每次买书我就跟着他去，当时北大给我们每个月发二十多块钱生活费，王强有个癖好就是把生活费一分为二，一半用来买书，一半用来买饭菜票。买书的钱绝不动用来买饭票。如果他没有饭菜票了就到处借，借不到就到处偷。（笑声）后来我发现他这个习惯很好，我也把我的生活费一分为二，一半用来买书，一半用来买饭菜票，饭票吃完了我就偷他的。

记得我在北大的时候，到大学四年级毕业时，我的成绩依然排在全班最后几名。但是，当时我已经有了一个良好的心态。我知道我在聪明上比不过我的同学，但是我有一种能力，就是持续不断的努力。所以在我们班的毕业典礼上我说了这么一段话，到现在我的同学还能记得，我说："大家都获得了优异的成绩，我是我们班的落后同学。但是我想让同学们放心，我决不放弃。你们五年干成的事情我干十年，你们十年干成的我干二十年，你们二十年干成的我干四十年。"我对他们说："如果实在不行，我会保持心情愉快、身体健康，到八十岁以后把你们送走了我再走。"（摘自玩学网）

同学们，俞敏洪之所以有后来的成就，跟他充实、积极进取的大学生活是分不开的，你是否也认同呢？

启发与感想

1．你认为俞敏洪的大学生活有意义吗？

____

____

2．俞敏洪在北大的学习生活对你有什么启发？

____

____

3．你设想的大学生活是怎样的？

____

____

体验活动 以"我的大学生活"为主题，规划自己未来的大学校园生活。用文字表达出自己心中理想的学校以及向往的大学生活情景，同学之间相互交流。

大学不是幻想，不是梦想，更不是妄想，而是我们美好的理想。只要我们为之奋斗，为之拼搏，总有一天我们会迈进大学的校门。怎样让自己的大学生活过的丰富多彩呢？就请同学们提前设想规划一下吧！

1．自我规划。每个同学先自己设想一下心中理想的大学，用文字表达出来，规划内容可涉及如下方面。

（1）我心目中理想的大学是什么样的，描绘出校园美丽的风光。

（2）在大学里我的发展方向是什么，如何给自己定位。

（3）选择自己喜欢的专业，怎样提升自己的专业技能和职业素养。

（4）怎样才能过一个充实快乐的大学生活。

（5）其他方面等。

2．展示交流。每个同学轮流上台讲述自己设想中的大学生活，与同学分享。

3．观看欣赏。播放一些大学生活的图片或影视作品片段，以激励同学们的斗志。

4．班主任对同学们的规划进行总结。

感悟表达 根据规划“我的大学生活”及与同学交流的感受，写感悟日记，用文字记录自己在规划大学生活时心中的憧憬之情，以及与同学交流过程中的收获和感受，与同学一起分享。

活动名称	我的大学生活	活动时间	
收获与感悟：			

心灵沟通 以“我的大学生活”为主题组织感悟课，每节课可设 2～3 个环节，每个学生都要上台发言，展示自己的大学梦想，与同学交流规划后的感想、收获，可用 2～3 个感悟课时完成本主题。

1．值周班长主持感悟课，同学们就自己的活动感悟在班上发言交流。

（1）分组交流，组内成员诵读自己的感悟日记。

（2）小组代表发言，组间互相点评。

（3）值周班长总结感悟课情况，指出优缺点及努力方向。

2．班主任对感悟课活动提出指导，强化感悟主体，明确大学是一个充满才华、学问，同时又是一个充满竞争、挑战的小舞台、小社会，大学生活对人生发展起着重要的作用。

友善点评 经历了对大学校园生活的规划及感悟课活动，大家一定对大学生活充满了向往和期待，并且也激发了自己学习的动力和热情。同学们的发言交流也起到了互相鼓励的作用，请同学们拿出你的笔，带着你的友善和真心，为他人写下你珍贵的留言吧！

留 言 板
同学一：
同学二：
同学三：
教师点评：

建言献策 中学阶段，无论是上课、作业、考试及活动，都由老师统一安排，事事有人管。但在大学里，这一切都要独立自主、自己把握，由自己来管。所以，中职生要学会自我管理，自我约束，以便适应将来的大学生活。你对中职生的自我管理有什么好的意见或建议？

建议：

行动点滴 记录自己在“我的大学生活”规划和感悟课活动中的所感所想，以及在学习中感觉轻松愉快的时刻，写下每攻克一道难题时的快乐心情，留下美好的记忆。（文字、图片、微信等）

年　月　日　　星期　　天气

年 月 日 星期 天气

年 月 日 星期 天气

5 创新精神

创新精神是一种勇于抛弃旧思想旧事物、创立新思想新事物的精神，是一个国家和民族发展的不竭动力，也是一个现代人应该具备的素质。只有具有创新精神，我们才能在未来的发展中不断开辟新的天地，才不会被充满竞争的时代所淘汰。所以，创新精神的培养，对我们学生来说显得尤为重要。

◆ 活动时间

二年级上学期，约10月下旬。

◆ 活动内容

1. 把梳子卖给和尚

进行创意表演。如何向和尚推销梳子，这是一个营销学问题，但也体现出一个人的创新智慧。开动脑筋，发挥想象，设计出新颖独到的推销方式，突出首创思路，把不可能的事通过努力和技巧变成实实在在的可能。

2. 我的小创意

创意写真。创设环境，着重宣传，营造气氛。人人参与，根据自己的实际情况进行某方面的创造发明，或是生活中的小现象，或专业的以及其他方面的新想法、新设计，每人一个创新，在班上展示自己的小小发明。

◆ 活动目的

开拓思路，激发思维，鼓励创造。最大程度地挖掘同学们的创新潜能，促进同学们的创新意识，培养创新精神，提高创新能力，为将来的创业奠定基础。

活动 1 把梳子卖给和尚

创设情境 创造是人类进步的源泉，没有创造，人类就不会进步。在现实的生活和实践中，许多客观事实都证明了创新能力的重要作用。列夫托尔斯泰曾指出：“如果一个人在学校学习时，什么也不会创造，那么，他一生就只会模仿和抄袭。”可见创新精神及能力是多么重要。我们来看下面这则故事。

刘石庵是清朝乾隆年间的书法家，他集各家之长自成一体，形成了厚重的独特风格。刘石庵有个学生是另外一个书法家翁方纲的女婿。

翁方纲的书法讲究“笔笔有来历”，他认为不像古人之处，就是败笔。

有一天，他的女婿向他讨教书法时，他说：“去问问你老师，哪一笔是古人的？”女婿没有听出其中的挖苦口气，便去问他的老师。

刘石庵想了一会儿，说：“你回去问问你岳父，哪一笔是他自己的？”

这样针锋相对的质问，表明了两位书法家不同的书法见解。

但后人对刘石庵书法的评价远在翁方纲之上，这是因为刘石庵注重创新，有自己独特的风格，而翁方纲却是一味地仿古，没有一笔是属于自己的。这是对两种艺术实践的公正裁决。

同学们，读了这则故事之后，你是不是对创新精神有所了悟了呢？

启发与感想

1．你认为刘石庵和翁方纲在书法上的不同见解说明了什么？

____

____

2．你从这个故事中受到了什么启发？

____

____

3．生活或学习中你在哪些方面有过创新行为？

____

____

体验活动 以“如何把梳子卖给和尚”为主题进行创意表演。要有所创新，想方设法把梳子卖给和尚，看谁的思路新、方法多、卖的梳子多。

1．活动准备。

（1）分组定位：4～5 人为一组，每人确定好所扮演的角色。

（2）排练表演：每人设计一套不同于他人的推销方法，组内自行排练。

2．活动过程。

（1）表演展示：各组轮流在班内表演，展示自己的推销方法。

（2）自由品评：大家互相点评，看谁的方法最具创意，谁推销得最多。

（3）评出优秀：评出大家一致公认的最佳创意者。

（4）指定专人拍照或录像，作为活动资料保存。

3．活动评价。

班主任对本次创意表演进行总结评价，指出优点和不足。

感悟表达 根据“把梳子卖给和尚”创意表演的经历写感悟日记，记录自己在创意表演中的表现，记下自己的收获、优点和不足之处，与同学一起分享。

活动名称	把梳子卖给和尚	活动时间	
收获与感悟：			

心灵沟通 以“把梳子卖给和尚”为主题组织感悟课，每节课设计 2～3 个环节，每个同学们都要上台发言，交流创意表演的心得体会，可用 2 个感悟课时完成本主题。

1．班主任总结创意表演中同学们的表现，给予肯定，对表现突出的学生予以表扬。

2．值周班长主持感悟课。

（1）小组讨论活动：以小组为单位讨论本组在表演中存在的问题和不足。

（2）同学在班上发言：每位同学轮流在班上诵读自己的感悟日记，说出自己表演的经历、感受以及得失。

（3）班长总结感悟课情况，点评同学们的发言，指出不足，提出努力方向。

3．班主任对感悟课情况做补充性总结和指导，强调创新精神的重要性，鼓励同学们不要墨守成规，要善于观察、思考、钻研，勇于创新。

建言献策 创新精神提倡独立思考，不人云亦云，但并不是固执己见，不听取别人的意见。结合自己的学习和生活，平时应怎样注意增强自己的创新意识，培养自己的创新精神，你有什么意见或建议？

建议：

行动点滴 记录自己在创意表演和感悟课活动中的所感所想，以及对创新精神的认识，写下在学习和处理事情上所表现出来的与众不同的、具有创造性的思维、语言和行动。（文字、图片、微信等）

年　月　日　　星期　　天气

年　月　日　　星期　　天气

年　月　日　　星期　　天气

活动 2　我的小创意

创设情境 发明创造对我们未来的生活有着深刻的影响。生活中有许多不起眼的小事，如果勤于观察，善于思考，往往会引发你丰富的想象，激励你智慧的创造。巧妙的设计，独特的创新，不仅能让人感受到创意给生活带来的快乐，而且给人很多思考和启示。

请同学们先看以下科技发明制作的创意事例。

万向充电式电起子

浙江省温岭市职业技术学校泵模 1101 班模具专业的倪林剑同学，自 2011 年 9 月入校后，他严格遵守学校规章制度，自觉性强。在学习上勤奋认真、踏实刻苦、善于钻研。特别是通过学校创新教育和几个月的专业知识学习及实训，对机械产生了浓厚的兴趣，课余的时候经常对着机械类的玩意琢磨，看到新奇的装置，总喜欢拆开看个究竟。戴震班名师工作室的老师们非常支持，鼓励他要多观察、多动手。后来他被吸收参加了学校的竞赛队，是钳工竞赛队的一员，曾代表学校参加过台州市装配钳工大赛，并获得了三等奖。倪林剑在几次拆装机械装置的过程中，发现在一些特定的、狭小的空间内拆装的时候，工具使用很不方便，要么扳手不好拧，要么角度不合适。该如何改变这个现状呢？在向戴老师请教的时候，戴老师启发他说："用电起子试试。"这一试，他又发现了一个新问题：电起子工作角度无法和旋转角度同轴，这就出现了不好拆、无法拆的问题。老师又将上一届学长发明的万向电钻展示给他看。当他看到上一届学长发明的万向电钻时，受到了很大的启发，灵感就来了：用电起子万向头不就什么问题都解决了吗？这不是戴老师常说的"成果推广型移植发明法"吗？于是他就把学长们的发明加以研究、分析、改进，再移植到充电式电起子领域。这就是他们班的第一项发明——"万向充电式电起子"。

随后"万向式电动起子"参加了天津全国中职学生展洽会，并获得了二等奖。倪林剑同学也被学校授予"科技创新积极分子"和"优秀学生"称号。

"安全门"的发明

浙江省温岭市职业技术学校的张腾等四位同学一次去班主任办公室时，由于风大，关门时没有注意，与他们同去的一个同学的手被门夹了，指甲都变黑了。十指连心啊，看那同学疼的痛苦样，张腾他们回到教室就讨论：有什么方法能让这样危险的事情不再重演呢？他们决定研究发明出一种不会夹伤人的安全门。在老师的指导下，经过争论商讨，他们拿来铁板、钢锯、电焊机、电钻等工具，边模仿边改造，边探索边创新，经过一个多月的反复实践，"安全门"终于做成功了。

这个"安全门"在天津全国中职学生优秀作品展洽会上，不仅获得了二等奖，受到省教育厅鲍学军副厅长的好评，同时张腾还被中央电视台独家采访，被学校授予"科技创新积极分子"和"优秀学生"称号。（资料来源于浙江省温岭市职业技术学校网站）

同学们，生活中有许多习以为常但也许不尽如人意的事物，只要我们善于观察思考，多动脑筋多动手，说不定一个新奇的念想，或者一个新鲜的事物就诞生了。

启发与感想

1．你认为倪林剑和张腾同学发明成功的因素是什么？

____

____

2．倪林剑和张腾同学身上有哪些精神值得你学习？

____

____

3．要让我们的创新思维闪光，我们还应注意哪些方面？

____

体验活动 以“我的小创意”为主题组织创意写真活动。展示自己的发明创造，或语言描述，或展现实物。

1．创设环境。

学校环境：通过宣传标语、报栏、校园广播、张贴科技画报、开展科技创新知识讲座等形式，打造良好的校园科学文化氛围。

班级环境：创办科技文化黑板报，教室墙壁张贴相关标语，观看创新发明的案例、视频，营造良好的班级科学文化气氛。

2．制作小创意作品（实物或平面设计图或观点文章等）。

（1）提前准备：生活体验、观察发现，确定创意目标或对象。

（2）创新研究：查阅相关资料，采用科学实验、调查取样、搜集材料等方法，完成作品。

（3）人人参与：可单独一人完成或小组合作完成。

作品要求：新颖性——作品要构思巧妙，立意新颖，有创意，能体现出创新精神；科学性——构思、设计、制作符合科学原理，无损于健康和道德；实用性——接近生活，材料易找，见效果快，应用方便，能够解决实际问题；多样性——可以是实物，也可以是模型，或论述观点、方法的文章，视各专业性质特点而定。

3．展示评价。

（1）每位同学发明创造的作品要在班内展示，同学们互相参观交流。

（2）组建班级评委小组，对同学们的创意发明进行评价，评出优秀作品。

（3）对获奖的同学颁发奖品，同时获奖作品在全校范围内进行展示，供全校师生参观展览。

4．拍照录像。

有条件的班级可设置信息采集小组，随时拍下或录下同学们平时研讨、创造时的情景，记录下作品展示阶段的场景。

感悟表达 根据自己创造发明的经历写感悟日记，记录自己在发明创造过程中的表现及和同学们相互参观交流的感想，记下自己的收获和感悟，与同学一起分享。

活动名称	我的小创意	活动时间	
收获与感悟：			

心灵沟通 以“我的小创意发明”为主题组织感悟课，每节课可设计 2～3 个环节，同学们就这次创新发明活动谈自己的感想和收获，可用 2～3 个感悟课时完成本主题。

1．精彩回放。值周班长播放提前制作好的拍摄同学们创意活动的画面或视频，师生共同回顾不平凡的创意发明之路。

2．值周班长主持感悟课。

（1）班长总结前期进行的小创意发明活动情况，表扬表现突出的同学，指出活动中出现的问题以及解决意见。

（2）每位同学轮流在班上诵读自己的感悟日记，说出自己创造发明的经历、感受和得失。

（3）获得优秀创意发明奖的同学发表获奖感言，讲述自己的发明过程，解说作品的特点、含义或使用方法。

（4）值周班长总结感悟课情况，点评同学们的发言，指出不足，提出努力方向。

3．班主任对感悟课活动提出指导，强化感悟主题，赞扬大家善于探索、勇于创新的精神，并鼓励继续发扬这种精神，学好专业知识和专业技能，在科技创新方面不断探索、前进。

友善点评 通过同学们的发明创造和感悟课上大家的交流，每位同学都亲身体验到了创新精神给自己带来的快乐和成就感，激发了自己求知探索的热情。那么对同学们的表现你有什么看法？写下你真诚的留言吧！

留　言　板
同学一：
同学二：
同学三：
教师点评：

建言献策 观察是创新的触角，创造灵感源于对生活的细心观察。生活中从来不缺乏创意，只是我们没有善于发现。许多人往往对身边的事和物熟视无睹，疏于观察思考，因此也就缺少发现和创造，你对中职生如何培养和提高自己的创新能力有什么看法或建议？

建议：

行动点滴 你是不是每天都认真地观察身边的人和事，认真感受外界事物并有所思考呢？记录下每一次观察、每一次思考的经历和内心感受，包括每一次小小的发现给自己带来的内心喜悦。（文字、图片、微信等）

年　月　日　　星期　　天气

年　月　日　　星期　　天气

年　月　日　　星期　　天气

6 团队意识

所谓团队，是指一些才能互补、团结和谐并为负有共同责任的统一目标和标准而准备奉献的一群人。在这个世界上，任何一个人的力量都是微小的，只有融入团队，只有与团队一起奋斗，才能实现个人价值的最大化，才能成就自己的卓越。一个团队若想取得最大成绩，需要每个成员都拥有强烈的团队意识，心往一处想，劲往一处使，分工协作，优势互补。一个团队如果没有良好的配合意识，就不能做好互相的补位和衔接，也就不可能做出显著的成绩。

◆ 活动时间

二年级上学期，约 11 月份，历时 2～3 周。

◆ 活动内容

1. 竞争与合作

开展以“竞争与合作”为主题的征文活动，谈谈对“竞争”与“合作”的认识，理解竞争与合作之间的联系。面对竞争日益激烈的现实社会，如何处理好二者之间的关系，通过语言文字表达出自己的观点和看法。

2. “木桶效应”的启示

围绕“木桶效应”开展主题班会。“木桶效应”的原理是什么，它揭示了什么道理，如何对待决定木桶盛水量的那块“短板”。大家讨论交流，发表自己的见解，在活动中增强班级意识，培养团队精神。

◆ 活动目的

通过举办以“竞争与合作”为主题的征文活动和主题班会，正确认识竞争与合作的联系，并能够明智处理学习生活中竞争与合作之间的关系，树立起正确的竞争意识与合作观念，在积极竞争的同时，发扬光大团结协作精神，从而实现共同发展、共同提高。

活动 1 竞争与合作

创设情境 在常人看来，竞争与合作是一对“敌对兄弟”，水火不容。然而现实中无数事例表明，竞争离不开合作，因为有合作才能优势互补、取长补短，形成合力，实现共赢。美国商界有句名言：“如果你不能战胜对手，就加入到他们中间去。”合作是为了更好地竞争，竞争也是为了更好地合作，没有竞争就没有发展，没有合作就没有进步，只有把竞争与合作相互结合才能适应时代的发展。

大家都听说过龟兔赛跑的寓言故事，龟兔赛了多次，互有输赢。后来，龟兔合作，兔子把乌龟驮在背上跑到河边，然后乌龟又把兔子驮在背上游过河去，最后双双达到终点。这就是“双赢”，竞争对手也可以是合作伙伴。

我们来看一下名人竞争与合作的例子。

美国的 Real Networks 公司曾经向美国联邦法院提起诉讼，指控比尔·盖茨的微软公司违反《反垄断法》，并要求其赔偿十亿美元。但在官司还没有结束的情况下，Real Networks 公司的首席执行官格拉塞却致电比尔·盖茨，希望得到微软的技术支持，以使自己的音乐文件能够在网络和便携设备上播放。所有的人都认为比尔·盖茨一定会拒绝他。但出人意料的是，比尔·盖茨对他的提议表现出出奇的欢迎。盖茨通过微软的发言人表示，如果对方真的想要整合软件的话，他将很有兴趣合作。

常人不可理解的事发生在世界首富比尔·盖茨身上。他的成功，源于很多因素，包括他对商机的把握，他天才的设计能力，但其中还包括他对对手所采取的态度。

再看一则我们身边的事例。

小猛和小明一直坐同桌，但每次考试小猛的成绩都不如小明的成绩好，还经常受到小明的冷嘲热讽。小猛心中很是不快，真想揍小明一顿解解恨。可他转念一想，自己的文化基础实在太差，不能跟小明比，与其在学校里受他的气，还不如外出打工。于是没多久，小猛便辍学了，到南方一家工厂打临时工。

同学们，竞争与合作并不矛盾，你采取什么样的态度对待竞争，就会出现什么样的结果。

启发与感想

1．比尔·盖茨身上有哪些精神值得我们学习？

____

____

2．请你判断小猛的想法是否合理并说明理由？

____

____

3．在学习生活中，你准备如何与他人合作？

____

____

体验活动 举办以“竞争与合作”为主题的征文活动。记叙在学习生活中遇到的竞争的事例，写出自己从中受到的启发和感悟，或者谈谈自己对竞争与合作的理解、在竞争中合作的重要意义，以及自己在竞争中如何做到合作的，发表自己的认识和真实想法。题目自拟，文体不限，字数不少于 600 字。

本次活动重在相互交流，共同分享，具体做法如下。

1．每位同学都要结合自身独立完成一篇作文，纸质传看或上传至班级 QQ 群，供全体同学查看，也可以相互点赞、发表评论等。

2．以小组为单位推选出一定数量的作品提交班级评委组评选，或经由全体同学推选出一定数量的人气较高的作品提交班级评委组评选。

3．班级组成学生评委组，对入围的同学作品进行评奖，评奖结果报送到学校评委会，学校评委会进行评奖。

4．获奖作品在班上展出，供大家阅读体会与交流，或送到文学社发表在校园小报上，供全校同学欣赏学习。

5．班级征文作品的文稿都要装订成册，以便于同学们相互交流学习和留存。

感悟表达 根据参加“竞争与合作”征文活动的经历，写感悟日记。记录自己在本次征文活动中的表现及和同学们相互交流过程中的感想，与大家一起分享自己的收获与感悟。

活动名称	竞争与合作	活动时间	
收获与感悟：			

心灵沟通 以“竞争与合作”为主题组织感悟课，每位学生都要上台发言，相互交流。

1．班主任总结征文活动情况，对同学们的积极表现表示赞赏。

2．值周班长主持感悟课，公布获奖学生名单。

（1）获奖作品展示与点评：获奖的同学在班上诵读自己的作品，大家对作品发表个人的看法。

（2）发表感悟与交流：同学们在班上诵读自己的感悟日记，分组相互点评发表意见。

（3）值周班长总结感悟课情况，提出优缺点及努力方向。

3．班主任对感悟课活动提出指导，强化感悟主题，明确处理好竞争与合作的关系对促进发展具有重要意义。

友善点评 通过“竞争与合作”征文活动，同学们深刻认识了竞争与和合作的关系，树立了正确的竞争意识和合作观念，并能够正确对待学习生活中的竞争与合作。那么，你对同学们的表现有什么看法？写出你真诚的留言吧！

留　言　板
同学一：
同学二：
同学三：

教师点评：

建言献策 现代社会是一个充满竞争与合作的社会，每一个中学生都要面临着如何在学习中正确对待竞争与合作的问题，请你结合自身，联系生活实际，就“中职生如何在学习中正确对待竞争与合作”提几条合理化建议。

建议：

行动点滴 记录自己在本次征文和感悟课活动前后对“竞争”和“合作”关系的不同认识以及思想观念上的转变，写下自己在现实生活中面对竞争与合作时的行为表现，正确看待学习生活中的竞争与合作。（文字、图片、微信等）

年 月 日 星期 天气

年 月 日 星期 天气

年 月 日 星期 天气

活动2　“木桶效应”的启示

创设情境　《西游记》作为中国四大古典名著之一，已是家喻户晓，妇孺皆知。唐僧、孙悟空、猪八戒、沙和尚四人组成了前往西天取经的团队。在取经路上，师徒四人都有着鲜明的个性，在遭遇困难时各自有着不同的态度，虽然摩擦不断，争论不断，但最终还是相互团结，各自发挥所长，互补所需，打倒路上的妖魔鬼怪，十四年历经十万八千里，成功取得真经。

美国管理学家彼得提出这样一个论断：由多块木板构成的木桶，其价值在于其盛水量的多少，但决定木桶盛水量多少的关键因素不是其最长的木板，而是其最短的那块木板。水桶想盛满水，必须每块木板都一样平齐且无破损，如果这只桶的木板中有一块不齐或者某块木板下面有破洞，这只桶就无法盛满水。这就是著名的“木桶效应”。

同学们，唐僧师徒四人的组合，和美国管理学家彼得提出的“木桶效应”是不是有异曲同工之妙呢？

启发与感想

1．唐僧师徒四人性格各异，又不断发生矛盾，为什么最后西天取经成功？

2．如果将唐僧师徒四人看作是一个团队，这是怎样的一个团队？

3．你知道“木桶效应”揭示的是什么道理吗？

体验活动 开展以“‘木桶效应’的启示”为主题的班会活动，讨论“木桶效应”带给人的启示，从唐僧师徒四人组合说开去，结合现实生活谈团队精神的重要性和作用。

1．班会准备。

（1）收集关于团结协作的名言以及团队合作的励志故事或寓言故事。

（2）观察分析学校、班级等身边的团体活动中各成员的表现以及最终的活动效果。

（3）《众人划桨开大船》歌曲伴奏带。

2．活动过程。

（背景：黑板上书写“强化竞争意识，营造团队精神”等标语字样）

主持人主持活动：

（1）讲述团结协作的故事，每个人把自己收集到的故事讲给大家听。

（2）自我反思，寻找“短板”，每个同学做自我剖析，指出自己身上存在的缺点和不足。

（3）表达决心，提出努力方向，说出自己将如何改掉缺点，弥补不足。

（4）合唱歌曲《众人划桨开大船》。

（5）班主任总结点评，对本次班会做全面总结，表扬积极发言的同学，强调班会的主题内容并寄予全体同学厚望。

感悟表达 根据参加以“‘木桶效应’的启示”为主题的班会的经历，写感悟日记。记录自己在班会中的表现及和同学们相互交流过程中的感想，与大家一起分享自己的收获与感悟。

活动名称	“木桶效应”的启示	活动时间	
收获与感悟：			

心灵沟通 以“‘木桶效应’的启示”为主题组织感悟课，每节课设计 2～3 个环节，每位同学都要上台发言，相互交流，可用 2～3 个感悟课时完成本主题。

1．值周班长主持感悟课，同学们就主题班会谈自己的感悟和收获，在班上发言交流。

（1）同学们谈自己对“木桶效应”的认识。

（2）同学们诵读自己的感悟日记，分组相互点评发表意见。

（3）值周班长总结感悟课情况，指出不足及努力方向。

2．班主任对感悟课活动提出指导，强化感悟主题，明确团队中每个成员的自身素质水平以及团队成员之间相互团结协作的能力，是一个团队取得最大成绩的必要条件。

友善点评 通过以“‘木桶效应’的启示”为主题的班会和感悟课活动，同学们对团队精神有了深刻的认识，认识到了团结合作的重要性。通过感悟交流，大家相互之间也拉近了心灵的距离，为今后的合作奠定了牢固的基础。请同学们拿起你的笔，带着你的真诚，写下你珍贵的留言吧！

留　言　板
同学一：
同学二：
同学三：
教师点评：

建言献策 一个团队能够做出多大的成绩，主要取决于三方面的因素：第一，团队中每个成员的自身素质的高低；第二，团队成员之间相互团结协作的程度；第三，团队给其成员所能提供的展示平台的大小。其中团队中每个成员的自身素质是团结协作的基础，但目前，部分中职生身上还存在着一些坏习惯，综合素质不高。对于中职生应该如何提高自身素质，你有什么好的想法和建议？

建议：

____

____

____

____

____

行动点滴 记录自己在以“‘木桶效应’的启示”为主题的班会活动和感悟课上的所思所感、对“团队精神”的认识，以及在班级荣誉和团体活动中的表现，写下在团队力量的感召下自己在某方面的进步和提高。（文字、图片、微信等）

年　月　日　　　星期　　　天气

年　月　日　　　星期　　　天气

年　月　日　　　星期　　　天气

活动评价

本模块的主要内容是“学好技能，学会生存”，根据同学们在各项活动中的表现和成长进行评比，评出“技能标兵”。

制订评比方案：由班主任指导，班长组织，各组长参与制定合理的评价方案。

组建评比小组：由学生投票选定评比委员。

（一）评比条件

1．掌握牢固的专业技能，积极参与班级、学校组织的技能竞赛，表现突出。

2．活动的各项记录完整翔实，表达了自己的真情实感。

3．同学们、组长、班长、班主任评价高。

（二）评比时间

本模块活动结束后。

（三）评比步骤

1．个人申请。

2．小组评议。

3．班级通过。

4．学校批准。

"技能标兵"申请表

<table>
<tr><td>姓名</td><td></td><td>班级</td><td></td><td>日期</td><td></td></tr>
<tr><td colspan="6">（主要申述个人在本次活动中的亮点及同学们的评价）</td></tr>
<tr><td colspan="6"></td></tr>
<tr><td colspan="6"></td></tr>
<tr><td colspan="6"></td></tr>
<tr><td colspan="6"></td></tr>
<tr><td colspan="6"></td></tr>
<tr><td colspan="6"></td></tr>
<tr><td colspan="2">组级推荐结果</td><td colspan="4">组长签字</td></tr>
<tr><td colspan="2">班级评比结果</td><td colspan="4">班长签字</td></tr>
<tr><td colspan="2">校级评比结果</td><td colspan="4">签字（盖章）
年　月　日</td></tr>
<tr><td colspan="6">本人对评价结果的感悟：</td></tr>
</table>

模块二

学习榜样　勤奋向上

在日常生活中，总是听到有些同学抱怨学习和生活没有方向、没有动力。这是为什么呢？那是因为同学们心里没有榜样。现在是一个榜样辈出的时代，各种各样的榜样，在不知不觉中成为我们心目中的坐标。曾经，我们以学习雷锋为榜样。如今许多榜样，也正在我们身边不断涌现。

榜样是什么？榜样是一种力量，彰显进步；榜样是一面旗帜，鼓舞斗志；榜样是一座灯塔，指引方向。榜样，可以是伟大的，如“精忠报国”的岳飞，是我们民族的骄傲和学习的榜样；榜样，也可以是平凡的，如拾荒助学老人刘盛兰，平凡事迹感动中国成为全国人民的榜样。

除了榜样，我们还需要什么呢？俗话说“宝剑锋从磨砺出，梅花香自苦寒来”“不经历风雨，怎能见彩虹”，这两句话告诉我们：成功来自于勤奋，世界上一切的成功，都将通过勤奋来实现。勤奋，代表着人们博弈人生的动力；成功，即是这种动力下产出的结果。没有勤奋，就没有成功的人生。

为了让同学们学习榜样、争做榜样，培养勤奋学习、积极向上的人生态度，我们设计了本模块。

本模块由人生励志、身边榜样、持之以恒、如实规划、实干巧干、追求成功六个项目组成，每一个项目由两个活动组成。

在本模块活动之后，我们设计了评选项目，有“进步之星”和“学习标兵”两项先进个人评选。同时，还有期末个人总结、期末学习成绩统计、个人评价、综合评价等，这些活动的开展，让同学们时刻感受到榜样的存在，在集体中形成你追我赶的积极氛围，让同学们保持永远追求上进的心态。

1 人生励志

人为什么要励志？志向是龙头要素，它指引人生方向，引领着人生不断前进。而激情、行动、积极心态属于动力要素，是激发人潜能的必备条件。有了目标、方向、志向，才能有激情、行动和动力。经常励志，激发和唤醒我们的内动力，使我们从“被成长”中产生生命自觉，更好地成长，最终达到成人、成才的目的。

◆ 活动时间

二年级上学期，约 11 月份，历时 2～3 周。

◆ 活动内容

1. 格言与行动

组织“格言与行动”践行活动。同学们在课下收集关于战胜自我、困难和积极进取方面的名言、警句和故事，并结合现实生活写出自己的感想，在小组中讨论，小组推荐一名或两名参与班级交流。

2. 要有目标地活着

组织“有目标地活着”演讲活动。通过创设故事情境，让同学们感受人没有目标就如同没有灵魂的躯壳，启发同学们确立自己的短、中、长期目标，与大家分享。

◆ **活动目的**

通过践行、演讲等活动，提升同学们的正能量，增强同学们的受挫免疫力，并让同学们认识到树立理想的重要性，正确为自己定位，确立奋斗目标，成为有理想、有追求的当代中职生。

活动1 格言与行动

创设情境 格言，对人生具有教育和劝诫作用，它常常在人们最迷茫的时候指导人的行动，也能警示和提醒人们少犯错误。我们看下面一则故事。

司马光，北宋著名史学家、政治家和思想家，主持编纂了中国历史上第一部编年体通史《资治通鉴》。“由俭入奢易，由奢入俭难”“俭，德之共也；侈，恶之大也”是司马光给他儿子司马康的家书《训俭示康》中的格言。他写此家书的目的在于告诫儿子不可沾染纨绔之气，保持俭朴清廉的家庭传统。在司马光生活的年代，社会风俗习惯日益变得奢侈腐化，人们竞相讲排场，比阔气，社会风气很不好。他深切地感到，这种社会风气对人们，特别是对年轻人的思想腐蚀作用很大，对此，他十分担心。为使子孙后代避免蒙受这种不良社会风气的影响和侵袭，司马光特意为儿子写了这个家训，以教育儿子及后代要继承发扬俭朴家风，不要奢侈腐化。

司马光家训图

在他的教育下，儿子司马康从小就懂得俭朴的重要性，并以俭朴自律。后来，司马康以博古通今、为人廉洁和生活俭朴而为后世纪念。

启发与感想

1. 你认同司马光的治家格言吗？

2．你在生活中是如何做到节俭的？

3．在你的人生道路上，还受到哪些格言的启发？

体验活动 以“格言与行动”为题，开展践行活动。用格言指导行动，用行动践行格言，展现同学们在学习生活中的经历。具体做法如下。

1．同学们利用课余时间收集励志格言，并对格言进行分类整理。

2．小组讨论交流，并选出与同学生活学习息息相关且能激励行为的某类格言（如：守时、尊师、友谊等方面的），开展践行活动。

3．班长组织班委对各组活动的开展进行督促和评比。

4．各组选派代表谈践行感受。

5．班长组织同学们畅谈“格言与行动”，并做总结发言。

感悟表达 同学写感悟日记，用文字记录自己在活动中的表现，描写给自己留下印象最深最美的片段，分析得与失，与同学分享自己的感悟。

活动名称	格言与行动	活动时间	
收获与感悟：			

心灵沟通 以“我最喜欢的格言”为主题组织感悟课，每节课设计 2～3 个环节，每个同学都要上台发言交流，可用 2～3 个感悟课时完成本主题。

1．班级以组为单位组织畅谈，展示自己收集的励志格言，并进行交流。

2．同学静默思考 10 分钟，并写 200 字左右感想，组内分享再交流。

3．组成同学评委组，各组推荐同学发言，各组评委点评。

4．班长总结、评价。

5．整理文稿装订成册，便于同学相互交流学习和留存。

友善点评 通过“格言与行动”践行及感悟课活动，每位同学不仅学到了更多的格言，而且也受到这些格言的启发。你最喜欢与同学们分享的格言是什么，你最想给同学怎样的祝福与建议，请你以格言的形式在此留存最美好的回忆吧！

留　言　板
同学一：
同学二：
同学三：
教师点评：

建言献策 通过“格言与行动”践行和感悟课，同学们体会到了正确的思想对良好行为的引导作用，同时也感受到了正能量带给我们的自信。下面请同学们结合生活和学习，针对“如何用格言来指导行动”这个问题，提出你的意见和建议。

建议：

行动点滴 相信同学们在此次践行活动中，无论是在准备期间，还是在活动当中，都积极投入并发挥了自己的聪明才智，活动的场面也给大家留下了深刻的印象。下面请同学们记录自己在本次践行和感悟课活动中的所感所想，见证自己的成长。（文字、图片、微信等）

年　月　日　　星期　　天气

年　月　日　　星期　　天气

年　月　日　　星期　　天气

活动 2　要有目标地活着

创设情境　“人活着要有生活的目标，一辈子的目标，一段时间的目标，一个阶段的目标，一年的目标。”这是俄国作家列夫·托尔斯泰的一句名言。

被世人誉为“宇宙之王”的霍金，是一名肌肉萎缩性侧索硬化症患者，不仅全身瘫痪，而且不能发音。就是这样一个人，却在人生的不同阶段，实现了一个个令人不可思议的人生目标。1963 年，他写下了世界名著《时间简史》，当时，医生曾诊断身患绝症的他只能活两年，可他一直坚强地活了下来；23 岁时他取得了博士学位留在剑桥大学进行研究工作；1973 年他考察黑洞附近的量子效应，发现黑洞会像天体一样发出辐射，黑洞辐射或霍金辐射的发现具有极其重要的意义；1980 年以后，霍金的兴趣转向了量子宇宙论，提出了能解决宇宙第一推动问题的无边界条件；1988 年，霍金的科普著作《时间简史：从大爆炸到黑洞》发行，2001 年 10 月又一部作品《果壳中的宇宙》出版发行。霍金从 21 岁开始在轮椅上一坐就是 30 多年，在患病期间，霍金仍以顽强的毅力与病魔做斗争，在学术上积极进取，先后多次出国做学术报告。

同学们，霍金且能如此乐观坚强、有目标地活着，我们又有何理由抱怨生活的不易呢！

启发与感想

1．霍金的故事给你什么启示？

2．结合霍金的故事，谈谈你是如何理解“活着要有目标”的？

3．你的人生目标是什么？

体验活动 以“有目标地活着”为题展开演讲活动，要求内容积极向上，材料充实，语言流畅，突出目标与人生的关系，避免空谈人生。

1．同学们通过书籍、网络等平台收集与“为目标而努力”有关的名人事例。

2．班长组织全班同学挑选演讲选手，以“有目标地活着”为题，开展演讲活动。

3．小组依托演讲展开“我的目标”交流，并选出代表在感悟活动中与同学们分享。

4．同学们在准备好的卡片上写出自己的人生目标和奋斗格言。（情景游戏）

感悟表达 根据参加“有目标地活着”演讲活动的经历，写感悟日记。记录自己在本次演讲活动中的表现及和同学们相互交流中的感想，并与大家一起分享自己的收获与感悟。

活动名称	有目标地活着	活动时间	
收获与感悟：			

心灵沟通 组织感悟课——“做一个有目标的中职生”。

1．人人参与，真情表白，树立自信，激发动力。

2．同学分组发表感想，分享交流，明确方向，共同提高。

3．值周班长总结感悟课情况，提出优缺点及努力方向。

4．班主任对感悟课活动提出指导，强化感悟主体，明确生活中每个同学都应有目标。

友善点评 通过演讲、交流等活动，同学们对目标的重要性有了更深刻的认识。每位同学给自己设定了奋斗目标，也增强了学习的自信心。同时，同学之间的交流也增进了彼此的理解和感情。请同学们拿起你的笔，用你的真情为他人写下诚挚的留言吧！

留　言　板
同学一：
同学二：

同学三：
教师点评：

建言献策 经历了“有目标地活着”演讲活动和感悟课，同学们懂得了给自己定位，明确人生目标对一个人成长的重要性，同时做一名优秀的中职生也成为大家当下的一个阶段目标。下面针对“生活、学习需要目标”这个内容，请提出你的意见和建议。

建议：

行动点滴 同学们在演讲活动期间，做了大量的收集和整理工作。相信在准备过程中，同学们的思想和认识都有一定的提升。下面请同学们记录自己在生活、学习过程中战胜自我，不向困难低头，取得成功的事例，并留下美好的记忆。（文字、图片、微信等）

年　月　日　　星期　　天气

年　月　日　　星期　　天气

年　月　日　　星期　　天气

2 身边榜样

榜样的力量是无穷的，这是列宁的名言。榜样是一种不竭的资源，凝聚着力量；榜样是一种无声的教育，指引着方向。榜样如果在我们身边的话，你会不知不觉地受到影响，最终成为典型。在学校教育中，榜样有助于同学们树立正确的人生理想，指引人生方向，探索奋斗轨迹。通过榜样的示范作用与力量，激励同学们明确方向、奋发进取，帮助同学们树立正确的人生观。

◆ 活动时间

二年级上学期，约 11 月份，历时 2～3 周。

◆ 活动内容

1. 寻找身边的榜样

组织“寻找身边的榜样”事迹征集活动。班级以小组为单位，通过调查、了解，把同学身边的榜样以演说的形式推荐出来，进行评选，被推荐代表发言。

2. 年度有影响力的同学

组织“年度有影响力的同学”评选活动。在班主任的指导下，采用个人自荐、小组推荐、候选人演讲、集体投票、优秀同学发言等形式，开展评选活动。

◆ 活动目的

了解榜样并通过评选活动等形式，把同学们身边的榜样推荐出来，激发同学参照身边的榜样发奋学习，为日后的美好生活奠定坚实的基础。

活动 1 寻找身边的榜样

创设情境 榜样是什么？榜样是灯，照亮我们人生的道路；榜样是指南针，指引我们前进的方向。生活中，有许多值得我们学习的榜样，他们所做的事情也许是惊天动地、感人至深的，也许是微不足道，却能净化人心灵的。但无论怎样，他们都能带给我们力量，让我们在黑暗中看见光明，在迷惘中找到希望。下边请看一则中职毕业生的故事。

济源职教中心毕业生李卫波，现济源佳佳馅食粥馆“小老板”。

2004 年中职毕业后，他在郑州郊区一家机械厂工作了一年多，看到周边不少肉夹馍店，店面不大，但生意兴隆，就有了经营一家餐馆的想法。从那时开始，为了实现这一梦想，他就开始了各种努力。他曾特意到饭店打零工，希望能了解到经营餐饮业的一些“门道”。他越学越感觉所学的知识“很不够用”，2007 年，已经离开校园三年的他，又毅然选择对口升学，到河南旅游管理学校酒店管理专业进行深造。

谈到那三年的大学经历，李卫波说，自己最大的收获就是学会了读书，知道要用更多的知识与信息来“武装”自己。大学毕业后，李卫波也没有贸然投资开办餐馆，而是在郑州打工，先后在十余家餐馆干过。不管饭店大小，他只做传菜员的工作，因为这样才能既接触到后厨，又有机会了解餐厅里的状况，熟悉店内整个经营流程。

2012 年，感觉时机成熟的李卫波决定回家乡创业。创业风险很大，不是一干就能成功的。但李卫波经过自己不懈的努力，终于在 2013 年 8 月 28 日，佳佳饸食粥馆开业了。

目前，李卫波的餐馆已经经营了三年了，从刚开始饭菜忽咸忽淡到初步标准化，从单一的饺子到粥、凉菜一应俱全，经营利润也逐年增加。（摘自 2014 年河南省第九届中等职业学校“文明风采”作品选）

同学们，让我们向榜样看齐，学习榜样身上的优点，规范我们的言行，努力奋斗吧！

启发与感想

1．李卫波的创业事迹中，哪些方面值得我们学习？

____

____

2．在这个事迹中，你感触最深的是什么？

____

____

3．在生活和学习中，你仍需要做哪些努力？

____

____

体验活动 以“寻找身边的榜样”为题，让同学畅所欲言，从多方面论及榜样的标准，征集榜样事迹。

1．谈谈对榜样的认识。让同学们畅所欲言，如榜样需要成绩好、品行好，要乐于助人、无私奉献等。榜样是多方面的，只要是优秀的、值得我们学习的，都可称为榜样。

2．由班长组织班委成员制定榜样标准。

3．榜样事迹征集，以个人申请、小组推荐收集榜样事例，并形成文字材料上报班委。

4．班委组织评审委员会，对照榜样标准，审查上报的榜样材料，评出班级榜样。

5．对所评出的榜样材料进行整理装订，在班内传阅，并备存。

感悟表达 通过“寻找身边的榜样”评选活动，推荐自己心中的榜样，然后对比自己的言行，记录下自己在本次推荐活动中对榜样的认识与感受以及在活动中的表现，与大家一起分享。

活动名称	寻找身边的榜样	活动时间	
收获与感悟：			

心灵沟通 组织感悟课——“寻找身边的榜样”。

1．班主任小结“寻找身边的榜样”事迹征集活动。

2．感悟课值周组长主持同学们就自己对身边榜样的认识在班上发言交流。

（1）小组交流点评班级榜样，小组成员发表个人的看法。

（2）值周班长总结感悟课情况，提出优缺点及努力方向。

3．班主任对感悟课活动提出指导，强化感悟主体，明确我们的身边的确有许多值得学习的榜样。

友善点评 通过“寻找身边的榜样”事迹征集及感悟课活动，每个同学都对榜样有了更全面的认识。同学们之间真诚的交流也增进了相互理解，加深了友谊和情感。现在请同学们拿起你的笔，带着你的诚意，为他人写下你美好的祝愿吧！

留 言 板
同学一：
同学二：
同学三：

教师点评：

建言献策 经历了“寻找身边的榜样”事迹征集活动和感悟课，同学们了解到在我们身边也有许多出类拔萃的优秀者。那么，作为一名当代中职生，我们是否也应该见贤思齐，让自己也变得更优秀呢？下面针对“榜样”这个话题，结合生活学习中的现状，提出你的意见和建议。

建议：

行动点滴 同学们在此次事迹征集和感悟课活动中，了解了许多榜样的先进事迹，对榜样也有了更全面的认识。下面请同学们记录自己在活动前后对榜样的不同认识、自己前后的思想变化，同时写下自己在学校学习生活中与班级榜样交往的真实经历。（文字、图片、微信等）

年　月　日　星期　天气

年　月　日　星期　天气

年　月　日　星期　天气

活动 2　年度有影响力的同学

创设情境 影响力是用一种为别人所乐于接受的方式，改变他人的思想和行动的能力。它虽无形，却无处不在。且不说那些大人物的思想行为会对我们产生影响，就连那些朝夕相处的同学们身上所体现出来的优秀品质和良好习惯等都会直接或间接地影响着周围的每个人。

毕明哲是保险职业学院 2010 级学生。刚刚升入初中的时候，他认识了班上一个特殊的同学——患有先天性肌无力、无法行走的王理。当时，见王理的家人迟迟未来接他，便果断背起王理，把他送回了家。面对王理的家人，12 岁的毕明哲认真地许下承诺，“以后都由我来背王理”。

原以为小小年纪，承诺只当玩笑，可毕明哲第二天一大早便来到王理家，等着背他上学。往后 6 年的上学日子里，每天都是如此。

除了上学接、放学送外，平日里，王理上厕所、外出活动，也由毕明哲背上背下。据统计，在读初中、高中的 6 年中，毕明哲来回背着王理走了近万里路。

高中毕业后，毕明哲凭着优异成绩考上了新疆一所本科院校，而王理只能上一家职业院校。因为要对许下的诺言负责，毕明哲果断撕掉大学录取通知书，选择随王理一起念职校，再次承担起背王理上学的重任。

通过广泛宣传，近来，毕明哲的事迹逐渐被大众知晓，掀起了一阵“学毕”潮。毕明哲所在的保险职业学院的志愿者们组织了一系列“向身边的雷锋学习，争做文明大学生”的活动。2010 年 10 月，作为湖南省高校学生的唯一代表，毕明哲荣获“湖南省五四青年奖章”，成为新时代的楷模。（摘自中国经济网）

同学们，毕明哲的一句承诺，坚守了 8 年。他的这份情谊和责任对我们的内心产生怎样的影响呢？

启发与感想

1．你如何看待毕明哲的行为？

____

____

2．毕明哲对同学的这份坚守，给你带来了怎样的影响？

____

____

3．谈谈你身边对你有影响的人和事。

____

体验活动 以评选“年度有影响力的同学”为题，采用自荐、演讲、投票等方式，激励同学们从学习、纪律、品德等多方面进行选举。

1．班主任提前分配名额，在道德、学习、劳动、纪律、文艺、体育等方面表现突出的同学积极报名参选，并上报自荐表。

2．个人自荐与小组推荐相结合，推荐出的候选人在班内进行公开演说，组内同学可以辅证帮助推荐。

3．班内同学集体投票。

4．优秀同学发言，班主任上报学校参与学校评选。

5．学校评出的年度有影响力同学，张贴照片及说明在学校光荣榜进行宣传。

6．说说我与年度有影响力同学的差距。

感悟表达 根据参加“年度有影响力的同学”评选活动的经历，写感悟日记。记录自己在本次评选活动中的表现及和同学们相互交流过程中的感想，与大家一起分享自己的收获与感悟。

活动名称	年度有影响力的同学	活动时间	
收获与感悟：			

心灵沟通 以“我与年度有影响力同学的差距”为主题组织感悟课，每节课设计 2～3 个环节，每个同学都要上台发言交流，可用 2～3 个感悟课时完成本主题。

1．班主任小结“年度有影响力同学”评选活动。

2．感悟课值周组长主持同学们就自己对年度有影响力同学的认识在班上发言交流。

（1）小组交流点评年度有影响力的同学，小组成员发表个人的看法。

（2）小组代表发表感悟与交流，同学们在班上诵读自己的感悟日记。

（3）值周班长总结感悟课情况，提出优缺点及努力方向。

3．班主任对感悟课活动提出指导，强化感悟主体，明确我们要以年度有影响力的同学为榜样，向他们学习。

友善点评 通过“年度有影响力的同学”评选及感悟课活动，每个同学对照自己与优秀同学的差距，思想得到了提升，对自己也有了进一步的认识。同学之间真诚的交流，也让彼此的感情更加亲密。现在请同学们拿起你的笔，带着你的情意，为他人写下最真挚的留言吧！

留 言 板
同学一：
同学二：
同学三：
教师点评：

建言献策 经历了“年度有影响力的同学”评选活动和感悟课，不仅促发了同学们学习身边榜样的激情，同时也让同学们明确了前行的方向。下面针对“影响力”这个主题，结合同学们生活学习中的所见所闻，提出你的意见和建议。

建议：

行动点滴 在活动中，同学们通过层层选拔，从不同层面对有影响力的同学做出了评选。同时，参与其中的同学在思想认识上，有了很大提高。下面请记录自己在本次评选和感悟课活动中的所感所想以及在校期间对“年度有影响力的同学”的前后认识、思想变化。（文字、图片、微信等）

年 月 日 星期 天气

年 月 日 星期 天气

年 月 日 星期 天气

3 持之以恒

水滴的力量是微不足道的，可是它目标专一，持之以恒，所以能把石块滴穿。骐骥一跃，不能十步；驽马十驾，功在不舍。遥远的征程，单靠轻轻一跃是不可能达到目标的，必须以锲而不舍的精神，付出“十驾”的努力，方能谈得上成功。

◆ 活动时间

二年级上学期，约 11 月份，历时 2～3 周。

◆ 活动内容

1．坚持的力量

组织同学对“坚持的力量”进行讨论。要求同学们对课余时间收集的有关坚持、拼搏的励志故事，进行学习总结，以便在课堂上讨论交流。

2．坚持做好一件事

组织同学参加“坚持做好一件事”的活动。如：设定座位卫生区保洁、每天写日记、每天练字、每天清早跑步等活动，并以小组监督的形式督促同学们坚持完成每天设定的任务。

◆ 活动目的

通过此次活动，不仅让同学们了解坚持的意义，更要让同学们养成坚持的习惯，做到事情不论大小都要坚持，不要轻言放弃，并能时刻把坚持放在心上，尽力做好每一件事。

活动1 坚持的力量

创设情境 小草因有了坚持，才能破土而出；雏鹰因有了坚持，才能搏击长空；人们因有了坚持，才能创造奇迹。但凡你能做到坚持，再难的事情也能做成。下面用一则故事与同学们共享坚持的力量。

1832 年，林肯失业了。这显然使他很伤心，但他下决心要当政治家，当州议员。糟糕的是，他竞选失败了。在一年里遭受两次打击，这对他来说无疑是痛苦的。

接着，林肯着手自己开办企业，可一年不到，这家企业又倒闭了。在以后的 17 年间，他不得不为偿还企业倒闭时所欠的债务而到处奔波，历尽磨难。

随后，林肯再一次决定参加竞选州议员，这次他成功了。他内心萌发了一丝希望，认为自己的生活有了转机："可能我可以成功了！"

1835 年，他订婚了。但离结婚还差几个月的时候，未婚妻不幸去世。这对他精神上的打击实在太大了，他心力交瘁，数月卧床不起。1836 年，他得了神经衰弱症。

1838 年，林肯觉得身体状况良好，于是决定竞选州议会议长，可他失败了。1843 年，他又参加竞选美国国会议员，但这次仍然没有成功。

林肯虽然一次次地尝试，但却是一次次地遭受失败：企业倒闭、情人去世、竞选败北。要是你碰到这一切，你会不会放弃——放弃这些对你来说是重要的事情？

林肯没有放弃，他也没有说："要是失败会怎样？"1846 年，他又一次参加竞选美国国会议员，最后终于当选了。

两年任期很快过去了，他决定要争取连任。他认为自己作为国会议员表现是出色的，相信选民会继续选举他。但结果很遗憾，他落选了。

因为这次竞选他赔了一大笔钱，林肯申请当本州的土地官员。但州政府把他的申请退了回来，上面指出："做本州的土地官员要求有卓越的才能和超常的智力，你的申请未能满足这些要求。"

接连又是两次失败。在这种情况下你会坚持继续努力吗？你会不会说"我失败了"？

然而，林肯没有服输。1854 年，他竞选参议员，但失败了；两年后他竞选美国副总统提名，结果被对手击败；又过了两年，他再一次竞选参议员，还是失败了。

林肯尝试了 11 次，可只成功了两次，他一直没放弃自己的追求，他一直在做自己生活的主宰。1860 年，他当选为美国总统。（摘自好故事网）

同学们，林肯尝试 11 次，只成功两次，如果换了你，你会有什么样的思想与行动呢？

启发与感想

1. 林肯的故事给你什么启示？

____

____

2. 谈谈你对坚持的理解。

____

3．在现实生活中，还有哪些坚持做事的例子值得我们学习？

体验活动 以“坚持的力量”为题组织讨论，用典故引出话题，让同学们感受坚持带给我们的力量，激励同学们要学会坚持，成为生活的强者。

1．同学小组内谈对坚持的认识与感受，并引荐自己所收集的故事。

2．班委组织故事征集活动。

3．小组讨论选出具有代表性的故事上报班委。

4．班委组织评委会，对征集的典型故事进行分类整理，并装订成册在班里展出。

5．小组代表班内对坚持的事例谈认识与感受。

6．收集整理格言与警句，每日写在黑板一侧，起到警醒作用。

7．展示我收集的格言、警句或故事。

感悟表达 根据“坚持的力量”讨论活动的这次经历，反思坚持的意义，写感悟日记。记录自己在本次讨论活动中的表现及和同学们相互交流过程中的感想，与大家一起分享自己的收获与感悟。

活动名称	坚持的力量	活动时间	
收获与感悟：			

心灵沟通 以“坚持的力量”为主题组织感悟课，每节课设计 2～3 个环节，每个同学都要上台发言交流，可用 2～3 个感悟课时完成本主题。

1．班主任小结“坚持的力量”交流活动。

2．值周班长主持感悟课，同学们就自己的作文及活动感悟在班上发言交流。

（1）小组代表展示与点评，小组代表同学在班上诵读自己的作品，大家对作品发表个人的看法。

（2）发表感悟与交流，同学们在班上诵读自己的感悟日记，分组相互点评发表意见。

（3）值周班长总结感悟课情况，提出优缺点及努力方向。

3．班主任对感悟课活动提出指导，强化感悟主体，明确坚持就是胜利的道理。

友善点评 通过“坚持的力量”故事征集及感悟课活动，每个同学都对坚持就是胜利有更深的认识，都有了很多深刻的体验。感悟交流让同学们彼此增进了理解，也增进了感情。请同学们拿起你的笔，带着你的诚意，为他人写下你真挚的留言吧！

留 言 板
同学一：
同学二：
同学三：
教师点评：

建言献策 经历了“坚持的力量”交流活动和感悟课，同学们对坚持的意义有了更深刻的理解。相信大家在今后的生活学习中，都能坚持做好自己。下面请同学们针对如何运用坚持的力量这个问题，结合大家平时面对困难时的所思所想，提出你的意见和建议。

建议：

行动点滴 活动之前，同学们为了分享到优秀的事例，做了大量的工作。同时，在整个活动开展过程中，思想交流的碰撞也影响到了同学们对坚持的再认识。下面请同学们记录自己在本次交流和感悟课活动中的所感所想，以及自己在学习生活中面对困难坚持做事的真实经历。（文字、图片、微信等）

年　月　日　　星期　　天气

年 月 日 星期 天气

年 月 日 星期 天气

活动2 坚持做好一件事

创设情境 俗话说：把一件简单的小事做好，就是不简单；把一件平凡的事做好，就是不平凡。怎样才能把一件小事做好呢？下面撷取一名画家的故事与同学们共享。

有一位画家，举办过十几次个人画展。开始无论参观者多少，脸上总是挂着微笑。有一次，我问他："你为什么每天都这么开心呢？"他给我讲了他儿时经历过的一件事情。

小时候，他兴趣非常广泛，也很要强。画画，拉手风琴，游泳，打篮球，必须都得第一才行。这当然是不可能的。于是，他心灰意冷，学习成绩一落千丈。

父亲知道后，找来一个漏斗和一捧玉米种子。让他双手放在漏斗下面接着，然后捡起一粒种子投到漏斗里面，种子便顺着漏斗滑到了他的手里。父亲投了十几次，他的手中也就有了十几粒种子。然后，父亲一次抓起满满的一把玉米粒放在漏斗里面，玉米粒相互挤着，竟一粒也没有掉下来。父亲对他说："这个漏斗代表你，假如你每天都能做好一件事，每天你就会有一粒种子的收获和快乐。可是，当你想把所有的事情都挤到一起来做，反而连一粒种子也收获不到了。"（资料内容取自励志一生网）

同学们，从这位画家的事例中，我们不难得出：凡事不可贪，先坚持做好一件事，而且是坚持做下去，就会有意想不到的收获。同学们，想想是不是这样呢？

启发与感想

1. 这位画家的故事给你什么启示？

2．你曾有过坚持做好一件事的经历吗？

____

____

3．你认为自己目前应该坚持做好哪件事情？

____

____

体验活动 先以小组监督的形式督促同学坚持完成每天设定的任务，之后组织同学进行总结，并开展演讲活动，加强同学坚持做好每件事的意识。

1．活动形式：设定座位卫生区保洁、每天写日记、每天练字、每天清早跑步等活动，并以小组监督的形式督促同学坚持完成每天设定的任务。

2．活动计划：各小组设置活动计划并遵照执行，小组内成员互相监督。

3．活动实施：按照计划要求严格执行。

4．活动总结：小组成员针对计划完成情况做个人总结，组长做小组总结，并推荐代表发言实施计划中的感受。

感悟表达 根据参加“坚持做好一件事”体验活动的经历，写感悟日记。记录自己在本次体验活动中的表现以及和同学们相互交流过程中的感想，与大家一起分享自己的收获与感悟。

活动名称	坚持做好一件事	活动时间	
收获与感悟：			

心灵沟通 以“坚持做好一件事”为主题组织感悟课，每节课设计 2～3 个环节，以演讲的形式，每个同学都要上台发言交流，可用 2～3 个感悟课时完成本主题。

1．班主任小结“坚持做好一件事”体验活动过程。

2．值周班长主持感悟课，开展“我坚持，我成功”主题演讲活动。

3．大家发表感悟与交流，并分组对同学的演讲相互点评发表意见。

4．值周班长总结感悟课情况，提出优缺点及努力方向。

5．班主任对感悟课活动提出指导，强化感悟主体，明确让“坚持做好一件事”成为一种习惯坚持下去。

友善点评 通过“坚持做好一件事”体验及感悟课活动，每个同学都认识到坚持做好一件事就是一种好习惯的养成，坚持就是胜利的真理。这种体验活动，也增进了同学们的相互理解和情感。现在请同学们拿出你的笔，带着你的诚意，为他人写下你真挚的留言吧！

留　言　板
同学一：
同学二：
同学三：
教师点评：

建言献策 经历了“坚持做好一件事”体验活动和感悟课，同学们认识到“事无大小，只要坚持做下去”的重要性。下面请同学们针对把“一件小事坚持做下去”这个话题，结合生活学习中的现状，提出你的意见和建议。

建议：

行动点滴 活动中，每组同学对各自设定的任务，都做了周密的计划。相信大家对坚持做好一件事，也有了自己的看法和认识。下面请同学们记录自己在本次体验和感悟课活动中的表现，以及在校期间对“坚持做好一件事”的前后认识、思想变化和在校学习生活中自己坚持做好一件事的真实经历。（文字、图片、微信等）

年　月　日　　　星期　　　天气

年　月　日　　　星期　　　天气

年　月　日　　　星期　　　天气

4 如实规划

现代社会的中职生，大部分都是在父母的阳光照耀下成长的，很少有学生去理智地规划自己的人生。人生好比是一次航行，面对浩瀚无垠的大海，如果我们想拥有精彩的人生之旅，那就需要精心设计航程。没有规划的人生，就好比漫无目的的航行。只有精心准备的航行才会惬意，也只有科学规划的人生才会更精彩。那么，我们该如何规划自己的人生呢？

◆ 活动时间

二年级上学期，约 11 月份，历时 2～3 周。

◆ 活动内容

1. 正确认识自我

组织同学们自我反思与小组交流。正确认识自己不是一件容易的事，正所谓“当局者迷”。同学的自查和他人的评价，让同学明己之长，知己之短。

2. 规划出彩人生

指导同学们写职业规划书。让同学们了解职业规划的意义，引导同学们依照自身的特点，寻找适合自己的职业方向，并制定自我发展的短期和长期目标，实现自己的人生价值。

◆ 活动目的

通过自我观察和同学之间的交流，让同学们明确自己的优点和缺点，并给自己做出正确的定位，在此基础上，对自己近期的发展设计出合理且可行的职业发展方向。

活动1　正确认识自我

创设情境 我们先来看一则故事。

南岳怀让禅师有一弟子名叫马祖，马祖在般若寺时整天盘腿静坐，苦思冥想。怀让禅师便问他："你这样盘腿而坐是为了什么？"

马祖答道："我想成佛。"怀让禅师听完后，拿了一块砖，在马祖旁边的地上用力地磨。

马祖问："师父，你磨砖做什么？"

怀让禅师答道："我想把砖磨成镜子。"

马祖又问："砖怎么能磨成镜子呢？"

怀让禅师说："砖既不能磨成镜子，那么你盘腿静坐又岂能成佛？"马祖问道："要怎么才能成佛？"

怀让禅师答道："就像牛拉车，如果车不动，你是打车还是打牛呢？"

马祖恍然大悟。

老子说：知人者智，自知者明。人贵有自知之明，然而人往往是这样，"不识庐山真面目，只缘身在此山中"。了解自己比了解别人更难，你了解你自己吗？

启发与感想

1．马祖恍然大悟，他"悟"到了什么？

____

____

2．你从这则故事中，悟到了什么？

____

____

3．谈谈你对自己的认识。

____

____

体验活动 正确认识自我，就要以客观的态度正视自己。自我反思要全面，同学交流要真诚。本次活动重在自我剖析，具体要求如下。

1．反思自我，客观分析自己的优点和缺点，组内开展成员自我批评活动。

2．小组内交流，组内成员相互彼此分析，对同学分析要全面、真诚，有负责任的态度。

3．小组代表发言，向敢于批评自己的同学致敬。

感悟表达 根据参加“正确认识自我”反思活动的经历，写感悟日记。记录自己在本次反思活动中的表现及和同学们相互交流过程中的感想，与大家一起分享自己的收获与感悟。

活动名称	正确认识自我	活动时间	
收获与感悟：			

心灵沟通 以“正确认识自我”为主题组织感悟课，每节课设计 2～3 个环节，每个同学都要上台发言交流，可用 2～3 个感悟课时完成本主题。

1．班主任小结“正确认识自我”交流活动过程。

2．值周班长主持感悟课，同学们就自己的感悟在班上发言交流。

（1）同学们分组交流自己的感受。

（2）小组代表在班上交流自己的感受，同学们点评发表意见。

（3）值周班长总结感悟课情况，提出优缺点及努力方向。

3．班主任对感悟课活动提出指导，强化感悟主体，明确唯有敢剖析自我、正视自我的人，才能进步的道理。

友善点评 通过“正确认识自我”交流及感悟课活动，每个同学都做了自我反思，正视自己的不足，同学之间的相互剖析，也增进了彼此的了解，加深了友谊。请同学们拿起你的笔，以谏言的形式写下你对同学的建议，留下你们最美好的回忆吧！

留 言 板
同学一：
同学二：
同学三：

教师点评：

建言献策 经历了“正确认识自我”反思活动和感悟课，相信同学们也对自己进行了反思。下面请同学们针对反思这个主题，结合生活学习中的情况，对如何正确反思，提高自我、提出自己的意见和建议。

建议：

行动点滴 通过反思自我和同学交流，相信同学们对自己有了进一步的认识。下面请同学们记录自己在本次反思和感悟课活动中的所感所想，以及在学校学习生活中对自己几次成功或失败经历的认识。（文字、图片、微信等）

年 月 日 星期 天气

年 月 日 星期 天气

年 月 日 星期 天气

活动 2　规划出彩人生

创设情境 古语有云：志不定，天下无可成之事。在如今就业普遍严峻的形势下，如果中职生能够提前进行职业生涯规划，对其今后的就业和职业发展有着重要的意义。通过职业生涯规划，可以使我们更好地认识自己，积极探索职业世界，寻找适合自己的职业方向。

有这样一则故事，与大家分享。

在相邻的两座山上分别有两座庙，在庙里分别住着两个和尚，而这两座山之间有一条溪流。因为山上没有水源，这两个和尚每天都会在同一时间到山下溪边挑水。久而久之，他们便成了朋友。就这样，他们每天挑水，不知不觉过去了5年时间。突然有一天，左边这座山上的和尚没有下山挑水。右边山上的和尚有点纳闷了，莫非他生病了？然而，过去了半个月，左边山上的和尚还是没有下来挑水。又过了半个月，还是没有见到他。

右边山上的和尚有些不放心了，他担心他的朋友发生了什么不测——一个人几天不喝水会被渴死。于是他决定去看望他的朋友。

等他爬上左边的山，看到他的老友之后，他大吃一惊。因为他的老友，正在庙前打太极拳，一点也不像一个月没喝水的人，而且看起来精神抖擞。他好奇地问："你已经一个月没有下山挑水了，难道你不用喝水吗？"这座山的和尚说："来来来，我带你去看。"他带着右边那座山的和尚走到庙的后院，指着一口井说："五年前我就决定要在这里挖一口井。这五年来，我每天做完功课后，都会抽空挖井。有时即使很忙，能挖多少就算多少。如今，终于让我挖出水来，我就不必再下山挑水。这样我可以有更多时间，练我喜欢的太极拳了。"

启发与感想

1．你从这则故事中学到了什么？

____

____

2．看了这则故事，你有什么感想？

____

____

3．你的人生目标是什么？谈谈你的人生规划。

____

____

体验活动 写计划——撰写职业规划书。

1．了解什么是职业规划。

职业规划（career planning）简称生涯规划，又叫职业生涯设计，是指个人与组织相结合，在对一个人职业生涯的主客观条件进行测定、分析、总结的基础上，对自己的兴趣、爱好、能力、特点进行综合分析与权衡，结合时代特点，根据自己的职业倾向，确定其最佳的职业奋斗目标，并为实现这一目标做出行之有效的安排。生涯设计的目的绝不仅是帮助个人按照自己的资历条件找到一份合适的工作，达到与实现个人目标，更重要的是帮助个人真正了解自己，为自己定下事业大计，筹划未来，拟定一生的发展方向，根据主客观条件设计出合理且可行的职业生涯发展方向。

2．小组讨论：依据个人情况，确定短期目标与长期目标。

3．确定行动计划、措施。

4．值周班长组织展示职业规划书。

职业规划书应包括：（1）自我认知；（2）职业认知与决策；（3）长期目标与短期目标；（4）计划与措施。

感悟表达 根据个人撰写的职业规划书和参阅其他同学的职业规划书，写感悟日记。记录自己和同学们相互交流职业规划过程中的感想，与大家一起分享自己的收获与感悟。

活动名称	写职业规划书	活动时间	
收获与感悟：			

心灵沟通 以“参阅同学职业规划书有感”为题组织感悟课，每节课设计 2～3 个环节，每个同学都要上台发言交流，可用 2～3 个感悟课时完成本主题。

1．班主任小结“写职业规划书”活动。

2．值周班长主持感悟课，同学们就自己和他人职业规划的认识和看法在课上发言交流。

（1）小组成员组内诵读自己的规划书，大家对彼此的职业规划发表个人的看法。

（2）小组代表在感悟课上诵读自己的规划书，并分组相互点评发表意见。

（3）值周班长总结感悟课情况，提出优缺点及努力方向。

3．班主任对感悟课活动提出指导，强化感悟主体，明确职业规划的重要性。

友善点评 通过写职业规划书及感悟课活动，每个同学都对未来有了初步的规划和憧憬，也都深刻地认识到有目标地做事，人生才更有价值和意义。在感悟中，同学们之间真诚地交流，也增进了彼此的理解和感情。现在请同学们拿起你的笔，带着一份祝福，为他人写下你诚挚的留言吧！

留 言 板
同学一：
同学二：
同学三：
教师点评：

建言献策 通过写职业规划书和感悟课活动，同学们认识到提前做职业生涯规划，对自己将来发展的重要意义。下面请同学们针对如何确立自己的人生目标，并制定合理的规划这个问题，提出你的意见和建议。

建议：

行动点滴 活动中，同学们撰写了自己的职业规划书，对职业规划有了全面的认识。同时，对自己将来的职业方向也有了初步的想法。下面请同学们记录自己在本次撰写职业规划书和感悟课活动中的所感所想，以及参阅其他同学职业规划书后的体会。（文字、图片、微信等）

年　月　日　　星期　　天气

年 月 日 星期 天气

年 月 日 星期 天气

5 实干巧干

实干巧干，曾经是我们弘扬的优良作风，现如今它仍旧是我们应该发扬的精神。所谓“实干”，就是指在做事情时，要实实在在、踏踏实实、全心全意。一切办法，只有在实干当中才能找到；一切问题，只有在实干当中才能解决。“巧干”，就是指在做事情时，要用心干事、用脑干事、用神干事。一味蛮干，往往是“竹篮子打水一场空”，只有用正确的科学观、方法论来指导实际工作，才能事半功倍。巧干是实干的升华，更是实干的必然归宿。

◆ 活动时间

二年级上学期，约 12 月份，历时 2～3 周。

◆ 活动内容

1. 耕耘与收获

组织“串五彩珠”的做事活动。以小组为单位，让大家在学习和合作的过程中，体会“一分耕耘，一分收获”的深刻含义。

2. 勤奋与善思

组织“勤奋与善思”的征文活动。记录我们生活中或亲身经历的勤奋与善思的事例，用自己的语言表达出来，以鼓励大家要勤奋善思。

◆ 活动目的

在参与活动的过程中，让同学们明晓付出与收获、勤勉与善思的辩证关系，学会脚踏实地的用心做事，做到实干加巧干，用正确的方法指导自己的实际工作。

活动1 耕耘与收获

创设情境 哲学家菩德曼说过：播种一个行为，你会收获一个习惯；播种一个习惯，你会收获一个个性；播种一个个性，你会收获一个命运。的确，有播种总会有收获！我们看下边一则故事。

梅兰芳年轻的时候去拜师学戏，师傅说他生着一双死鱼眼睛，灰暗、呆滞，根本不是学戏的料，拒不收留。天资的缺陷没有使梅兰芳灰心，反而促使他更加勤奋。他喂鸽子，每天仰望天空，双眼紧跟着飞翔的鸽子，穷追不舍；他养金鱼，每天俯视水底，双眼紧跟着遨游的金鱼，寻踪觅影。后来，梅兰芳那双眼睛变得如一汪清澈的秋水，熠熠生辉，脉脉含情，终于成了著名的京剧大师。

任何成功的取得都需要经过耕耘的过程，没有谁能随随便便成功。梅兰芳终有所获，让我们再次感受“一分耕耘，一分收获”带给我们的心灵启迪。

启发与感想

1．你如何看待梅兰芳在天资缺陷的情况下仍然坚持目标，无悔付出？

______

______

2．如果换做你，你会怎么做？

______

______

3．在你的生活、学习中，哪一件事情是通过你的努力付出而成功的？

______

______

体验活动 开展“串五彩珠”活动，具体做法如下。

1．每位同学上网收集串珠的教学视频。

2．选出合适的串珠教学视频，由班长组织全班同学进行学习。

3．以小组为单位，设计制作一件串珠作品，题材自定（如动物、人物、生活用品等）。

4．作品展示，小组长对制作串珠的过程做介绍。

5．班主任点评。

感悟表达 根据参加“串五彩珠”做事活动的经历，写感悟日记。记录自己在本次做事活动中的表现及感想，与大家一起分享自己的收获与感悟。

活动名称	串五彩珠	活动时间	
收获与感悟：			

心灵沟通 以“耕耘与收获”为主题组织感悟课，每节课设计 2～3 个环节，每个同学都要上台发言交流，可用 2～3 个感悟课时完成本主题。

1．班主任小结“串五彩珠”活动。

2．值周班长主持感悟课，同学们就自己的活动感悟在课堂上发言交流。

（1）小组成员组内谈自己的感受，大家对彼此进行点评。

（2）小组代表在感悟课上谈串珠的感受，并分组相互点评发表建议。

（3）值周班长总结感悟课情况，提出优缺点及努力方向。

3．班主任对感悟课活动提出指导，强化感悟主体，明确团队合作做事的重要性。

友善点评 通过“耕耘与收获”做事及感悟课活动，每个同学都对“一分耕耘，一分收获”有了切身的感受，也对“付出才有回报”有了更深刻地认识。活动中，同学之间的合作也再次增进了彼此的理解和友谊。现在请同学们拿出你的笔，为了你们美好的情意，写下你真诚的留言吧！

留　言　板
同学一：
同学二：
同学三：

教师点评：

建言献策 通过“串五彩珠”活动和感悟课，同学们在实践中，体会到“一分耕耘，一分收获”带给大家的信心和成就感，也让大家明白“只有付出劳动，才会有收获”的道理。下面请同学们针对“付出就一定有收获”这个问题，提出你的意见和建议。

建议：

行动点滴 活动中，同学们积极参与，认真学习。从同学们创造的一件件作品中，可以感受到“一分耕耘，一分收获”带给大家的喜悦。下面请同学们记录自己在本次做事和感悟课活动中的所感所想和表现。（文字、图片、微信等）

年　月　日　　星期　　天气

年　月　日　　星期　　天气

年　月　日　　星期　　天气

活动2 勤奋与善思

创设情境 中华民族自古以来就是一个勤奋的国家，古人为我们留下了许多至理名言，比如“一勤天下无难事”“一日之计在于晨，一年之计在于春，一生之计在于勤”“勤能补拙”等，这都是对勤奋最好的诠释。这些经典名言告诉我们一个道理：生活中不能没有勤奋，勤奋是我们走向成功的一个重要品质。

但学习中单有勤奋就可以吗？有这样一则故事。

卢瑟福是英国著名的物理学家，某一天深夜，卢瑟福去检查实验室，发现一个同学正在埋头做着实验。卢瑟福问他：“你上午在干什么？”同学答道：“做实验。”卢瑟福又问：“那你下午在干什么？”“做实验。”卢瑟福不禁提高嗓门再问：“那晚上呢？”“还是做实验。”同学略带得意的语气说，以为自己的勤奋肯定能够博得导师的夸奖。可是卢瑟福却勃然大怒，质问他：“你整天做实验，还有什么时间用来思考？”

同学们，卢瑟福的质问有道理吗？你是如何理解的？

启发与感想

1. 卢瑟福的质问告诉了我们什么？

____

____

2. 你是如何理解勤奋与善思的关系？

____

____

3. 你在学习中，是否勤奋善思？

____

____

体验活动 以“勤奋与善思”为题开展征文活动，要求论点明确，有理有据，避免空发议论。

1. 同学们畅所欲言，谈论对勤奋与善思的认识。
2. 每位同学结合自己对勤奋与善思的理解独立完成一篇作文。
3. 以小组为单位推选出优秀的作品提交班级评委组评选。

4．班主任指导评委组对这些优秀的作品进行评奖。

5．获奖作品在班上展出，供同学们交流体会。

6．将征文作品装订成册，以便留存或参加学校的征文活动。

感悟表达 根据参加“勤奋与善思”征文活动的经历，写感悟日记。记录自己在本次征文活动中的表现以及和同学们相互交流过程中的感想，与大家一起分享自己的收获与感悟。

活动名称	“勤奋与善思”征文活动	活动时间	
收获与感悟：			

心灵沟通 以“勤奋与善思”为主题组织感悟课，每节课设计 2～3 个环节，每个同学都要上台发言交流，可用 2～3 个感悟课时完成本主题。

1．班主任小结“勤奋与善思”征文活动过程。

2．值周班长主持感悟课，同学们就自己的活动感悟在班上发言交流。

（1）小组同学在组内诵读自己的活动感悟，大家发表个人的看法。

（2）小组代表在班上诵读自己的感悟日记，分组相互点评发表意见。

（3）值周班长总结感悟课情况，提出优缺点及努力方向。

3．班主任对感悟课活动提出指导，强化感悟主体，明确生活、学习中勤奋离不开善思。

友善点评 通过“勤奋与善思”征文及感悟课活动，每个同学都对勤奋与善思有了全面的认识，能够辩证地看待两者之间的关系。感悟交流中，同学们真诚的对白，也让彼此之间的情更真，义更浓了。现在请同学们拿起笔，为你的好同学写下最珍贵的留言吧！

留　言　板
同学一：
同学二：
同学三：

教师点评：

建言献策 经历了“勤奋与善思”征文活动和感悟课，同学们都感受到勤奋要与善思相结合，否则勤奋就会劳而无功。思考是计划，是策略，这样勤奋才有价值。下面请同学们针对勤奋必须善思这个问题，结合同学们生活学习中的现状，提出你的意见和建议。

建议：

行动点滴 通过本次征文和感悟课活动，同学们认识到勤奋与思考的关系，没有思考的勤奋是无用功，只有思考没有勤奋是纸上谈兵，两者只有紧密结合才能做好一件事。下面请同学们记录自己在本次征文和感悟课活动中的表现，并回忆和记录自己生活中通过自身思考，不断努力而成功的真实事例。（文字、图片、微信等）

年 月 日 星期 天气

年 月 日 星期 天气

年 月 日 星期 天气

6 追求成功

著名作家冰心说过："成功的花，人们只惊慕她现时的明艳！然而当初她的芽儿，浸透奋斗的泪泉，洒遍了牺牲的血雨。"任何的成功都不是轻而易举的，有追求，才有希望成功。当然，也意味着有失败。就是因为失败，才会不断地追求，直至成功。人的一生，谁都渴望实现自己的人生价值，谁都渴望在事业上有所成就，创造自己生命的辉煌。但人生的辉煌不是一蹴而就，人生成功之路该如何走，什么样的人生才算是成功的人生呢？

◆ 活动时间

二年级上学期，约 12 月份，历时 2～3 周。

◆ 活动内容

1．成功案例精选

策划"名人成功案例"手抄报。对成功的理解，每个人都有不同的认识，相信同学们也有自己的认识和评价。收集整理名人成功案例，从他们身上获取成功的方法和途径，进而给我们的人生以启示。

2．胸怀梦想，追求成功

组织"胸怀梦想，追求成功"的主题班会。梦想是成功的动力，相信同学们都有梦想，说出你的梦想与大家分享，进而营造一个积极进取、宽松和谐的班集体氛围。

◆ 活动目的

通过活动，让同学们认识追求，了解追求对人生的意义；通过大量成功人士的案例，激励同学们为梦想而努力，树立追求成功的正确意识和信心。

活动 1　成功案例精选

创设情境 丘吉尔说："成功，是一种从一个失败走到另一个失败，却能够始终不丧失信心的能力，因此不要害怕错误和失败，失败是成功之母。没有失败，你不可能成功。那些不成功的人是永远没有失败的人。"什么是成功？怎样才算成功？我们先来看这样一则案例。

《现代青年》：你是做舞蹈教育培训的，你认为怎么才算优秀的舞蹈老师？

冯博：刚开始我亲自教学，3 岁到 60 岁的人我全部教过，因为这些经验，我才有办法去管理我的老师，我才知道怎么教学才是有效的教学。我认为一个好的舞蹈老师不仅仅是她跳得有多好，更重要的是她教得有多好。

《现代青年》：你感觉舞蹈除了培养你的外形气质等等外，它的内在精神是什么？

冯博：坚韧。学习舞蹈的过程很磨砺人，如果你喜欢它，再辛苦，你也会坚持。其次，学习舞蹈的过程，让孩子收获了快乐和自信，让他体会到了付出之后的丰厚回报，还有就是训练他们学习的能力。这些才是舞蹈对孩子最大的意义。

《现代青年》：一路走来，有没有迷茫的时刻？是怎么度过的？

冯博：有，中国的舞蹈教育机构太散了，我一直在迷茫就是怎么可以把舞蹈教育做成品牌化。我觉得一个企业或者一个人都要有一个方向，有个目标，知道前进的方向是什么，千万不要在迷茫的时候放弃。

《现代青年》：你是个什么样的人？你想要成为什么样的人吗？

冯博：我是个认真的人。我并不是想成为高高在上的企业家，我就想成为大家眼中的好老师。

《现代青年》：你感觉自己是成功的80后吗？你怎么理解成功？

冯博：我以前就想，成功就是你在社会的地位，你有多少资产，所有的外在条件是决定一个人成功的因素。现在我感觉是来自内在的一种平衡，内心可以掌控自己，不在意太多外界对你的评价，能管理好自己的情绪，能管理好自己的生活，能让自己的家人和朋友都很开心，这样就是成功。一个人想要成功，你就要认识自己，了解自己，知道自己的优势在哪里，要有人生方向。（资料内容取自2015年的小故事网）

这是一段《现代青年》杂志记者与80后女企业家冯博的采访实录。谈笑间，我们能够感受到她成功背后的艰辛，这也许就像那首歌中所唱得那样：不经历风雨怎么见彩虹，没有人能随随便便成功。看了这则故事，你有什么启发呢？

启发与感想

1．你从冯博的身上学到了什么？

____

____

2．谈谈你是如何理解成功的？

____

____

3．你有哪些成功的案例与大家分享，从中又获得了什么启示？

____

____

体验活动 以“成功案例”为主要内容制作手抄报，精选学习和生活中所见所闻的成功故事，要求内容真实，有意义。

1．每位同学查找关于成功的案例。

2．以小组为单位对同学们所收集的成功素材进行分类（科学、教育、商业、学习等）整理。

3．以小组内分工合作的方式进行手抄报的设计制作。

4．教室展出，同学参观。

5．小组交流并派代表讲解所收集到的成功案例，重点介绍获取成功的方法与途径。

6．班委成员对所展示的手抄报进行点评，并从手抄报设计的形式和内容等方面进行评分。

7．依据评分结果，精选出优秀的手抄报留存。

感悟表达 根据制作“成功案例”手抄报的经历，写感悟日记。记录自己在本次活动中的表现及和同学们相互交流过程中的感想，与大家一起分享自己的收获与感悟。

活动名称	“成功案例”手抄报	活动时间	
收获与感悟：			

心灵沟通 以“什么是成功”为主题组织感悟课，每节课设计 2～3 个环节，每位同学都要上台发言交流，可用 2～3 个感悟课时完成本主题。

1．班主任小结手抄报活动过程。

2．值周班长主持感悟课，同学们就自己的手抄报及活动感悟在课堂上发言交流。

（1）小组成员对本组成员手抄报的内容与形式进行交流，并对作品发表个人的看法。

（2）小组代表在课堂上展示小组完成的手抄报，并交流感受，之后，小组间相互点评发表意见。

（3）值周班长总结感悟课情况，提出优缺点及努力方向。

3．班主任对感悟课活动提出指导，强化感悟主体，明确成功的真谛，对成功有全新的认识。

友善点评 通过“成功案例”手抄报的制作及感悟课活动，每位同学都对成功有了全新的认识和深刻的体会。活动中，同学之间的合作也增进了彼此的理解和感情。现在请同学们拿出你的笔，带着你的诚意，为他人写下你珍贵的留言吧！

留 言 板
同学一：
同学二：
同学三：

教师点评：

建言献策 通过同学们制作“成功案例”手抄报和感悟课，同学们在竞争中收获了成功的喜悦，也在交流中体会到名人成功背后的故事，针对何为成功这个话题，结合自己生活学习中的所见所闻，提出你的意见和建议。

建议一：

行动点滴 追求成功的故事很多，同学们通过办手抄报和交流感受，认识成功不会轻易垂青于一个人。成功的路上，比的是谁更有眼光，谁更努力。同学们可以把自己在本次制作手抄报和感悟课活动中的表现与感受记录下来。（文字、图片、微信等）

年 月 日 星期 天气

年 月 日 星期 天气

年 月 日 星期 天气

活动 2　胸怀梦想，追求成功

创设情境 梦想是每个人都拥有的，它是人生活的动力，也是人成功的源泉。

美国第 37 任总统威尔逊说:“我们因有梦想而伟大，所有伟人都是梦想家。”古今中外，有多少名人、伟人，闪耀在历史的舞台上：法国科学家居里夫人为了追求自己心中的梦想，花了 3 年零 9 个月的时间来提炼放射性元素镭，最终她获得了成功；越王勾践，十年卧薪尝胆，终于实现了“三千越甲可吞吴”的誓言；司马迁，身受宫刑，忍辱负重，完成了被后人称为“史家之绝唱，无韵之离骚”的中国历史上第一部纪传体通史——《史记》。他们中的每个人虽身处逆境，但都胸怀梦想，为了自己的梦想，勇于付出，最后走向成功。

我们身边也不乏有很多从小就有当科学家、文学家、运动员梦想的同学，也希望将来能通过努力，成功实现自己的梦想。可是搭建梦想与成功之间的桥梁是什么？不是你的聪明才智，也不是你的创意构思，而是你的实践能力。所以说，要想成功，只有梦想不行，还要付诸实际行动，这样才有可能梦想成真。

同学们，相信牛步虽迟，久行可以至千里！只要我们胸怀梦想，并付诸行动，就一定能获得成功。

启发与感想

1．与同学们分享你所收集到的有关梦想的成功案例，谈谈你从中所获得的感想。

____

____

2．说说自己的梦想。

____

____

3．如何实现自己的梦想，你有具体有效的措施吗？

____

____

体验活动 组织主题班会——“胸怀梦想，追求成功”。

1．班会准备。

（1）收集古今中外“梦想与成功”的名人故事和学校优秀毕业生的资料。

（2）制作有代表性的优秀毕业生的视频。

（3）准备好签名用的笔和卡片。

（4）练习歌曲《真心英雄》。

2．活动过程。

（1）全班同学集体宣读班级誓言，营造活动氛围。

（2）主持人开场白。

（3）以小组为单位，各组选派代表讲述收集到的成功案例，并讲述成功人士的故事。

（4）主持人小结发言，引出身边成功事例，观看优秀毕业生视频。

（5）以小组为单位交流讨论，各组选派代表浅谈自己的梦想是什么，是否有具体有效地实现自己梦想的措施。

（6）每人制作一张叶子型的卡片，在上面写下自己的梦想和如何实施。

（情景游戏：将卡片张贴在“梦想树”上；播放背景音乐：《隐形的翅膀》）

（7）班主任总结发言。

（8）主持人致结束语，全班同学齐唱歌曲《真心英雄》。

感悟表达 根据“胸怀梦想，追求成功”主题班会的经历，写感悟日记。记录自己在本次主题班会活动中的表现及和同学们相互交流过程中的感想，与大家一起分享自己的收获与感悟。

活动名称	胸怀梦想，追求成功	活动时间	
收获与感悟：			

心灵沟通 以“我的梦想”为主题组织感悟课，每节课设计 2～3 个环节，每个同学都要上台发言交流，可用 2～3 个感悟课时完成本主题。

1．班主任小结“胸怀梦想，追求成功”主题班会。

2．值周班长主持感悟课，同学们就自己的梦想及活动感悟在班上发言交流。

（1）小组内互相交流自己的梦想，组员对成员梦想发表个人的看法。

（2）小组派代表在班上诵读自己的感悟日记，分组相互点评发表意见。

（3）值周班长总结感悟课情况，提出优缺点及努力方向。

3．班主任对感悟课活动提出指导，强化感悟主体，明确每个人都要为自己的梦想而付出努力。

友善点评 通过“胸怀梦想，追求成功”主题班会及感悟课活动，每个同学都对自己充满了信心，都懂得了只有付诸行动才能梦想成真的道理。活动中，同学们的诚意增进了彼此的理解和友情。现在请同学们拿出你的笔，带着你的祝福，为他人写下你珍贵的留言吧！

留 言 板
同学一：
同学二：
同学三：
教师点评：

建言献策 经历了主题班会和感悟课，同学们对梦想的重要性有了进一步认识，成功不能没有梦想，梦想与幻想有许多的不同，梦想需要脚踏实地地追求。下面请同学们针对梦想是成功的动力这个话题，结合生活学习中的事例，请提出你的意见和建议。

建议：

行动点滴 “梦想有多大，舞台就有多大”。梦想就像一粒种子，一旦种在我们“心”的土壤里，它就可以生根发芽。梦想会不断激励我们，坚定我们的信念，通过努力拼搏，最终实现自己的人生梦想。请同学们记录自己在本次班会和感悟课活动中关于人生梦想的认识。（文字、图片、微信等）

年 月 日 星期 天气

年 月 日 星期 天气

年 月 日 星期 天气

活动评价

一、“进步之星”评比

（一）评比条件

1. 认同和遵守《中职学生守则》《中职学生日常行为规范》，并在日常学习、生活中有具体体现。

2. 通过思想品德、行为习惯的不断培养，与自身前期相比较，在较短时期内个人品质、文明道德素质提高速度较快，且效果显著。

3. 逐步养成了良好的学习习惯，学习能力较强，能影响和带动他人共同进步。

4. 在本学期的相关考试中，成绩有明显进步的学生。

（二）评比时间

本学期期末。

（三）评比步骤

1. 个人申请。

2. 小组评议。

3. 班级通过。

4. 学校批准。

"进步之星"申请表

姓名		班级		日期	
（主要申述个人在"进步之星"创建活动中的亮点及同学们的评价）					
组级推荐结果				组长签字	
班级评比结果				班长签字	
校级评比结果				签字（盖章） 年　月　日	
本人对评价结果的感悟：					

二、"学习标兵"评比

（一）评比条件

1．思想进步，求知爱国，热爱学校，热爱集体；关心他人，乐于助人，尊敬师长。

2．遵纪守法，遵守公德，遵守学校各项规章制度，敢于制止不良行为；谦虚诚实，孝敬父母。

3．上进心强，有强烈的竞争意识、合作意识和良好学习品质。

4．学习刻苦，在时间利用上有"挤"的精神，有自己一套行之有效的学习方法，并能在班上产生一定的影响，获得老师的好评，成绩优秀。

5．各学科测试成绩要达到优秀等级，体育要达到良好等级以上。

（二）评比时间

本学期期末。

（三）评比步骤

1．个人申请。

2．小组评议。

3．班级通过。

4．学校批准。

“学习标兵”申请表

姓名		班级		日期	
（主要申述个人在“学习标兵”创建活动中的亮点及同学们的评价）					
组级推荐结果	组长签字				
班级评比结果	班长签字				
校级评比结果	签字（盖章） 年　月　日				
本人对评价结果的感悟：					

期末小结

一、个人小结

期末实践活动及学习情况小结

个人签字：
日　　期：

二、获奖情况

期末获奖统计表

获奖项目	文明之星		尽责标兵								三好学生		先进集体		奖项合计	
获奖级别	校级	班级	校级	班级	校级	班级	校级	班级	校级	班级	校级	班级	校级	班级	校级	班级
个人获奖																
小组获奖																
班级获奖																
备注	（由组长或个人填写或盖自行设计的具有本班特色的小章）															

三、成绩统计

学期成绩统计表

学科	语文	数学	英语										总分
成绩													
备注	（由组长或个人填写、盖章）												

四、综合评价

综合评价表

小组评语	组长签名	
班级评价	班主任签名	
教师评价	签名	
	签名	
	签名	
综合评价结果	（优秀、良好、合格）	
家长意见	家长签名	
本人感受	本人签名	
备注		

模块三

磨炼意志　适应社会

意志，是人有意识地支配、调节自我的行动，经过克服困难，以达到预定目标的心理过程，是人的恒心和毅力的源泉。古今成大事者，无不具有坚强的意志。那么，坚强的意志从哪里来呢？一句古诗给出了我们答案——“宝剑锋从磨砺出，梅花香自苦寒来”。

当今社会，是一个大变革的社会。身处变革大潮中的我们，都不可避免地要受到潮水的冲击。是勇敢地逆流而上，成为时代的弄潮儿，还是遇难而退，被潮水无情地拍死在沙滩上。这是一种选择，更是一种态度。

传统的应试教育，教会了我们怎样学好课本上的“死”知识，而让我们忘却了教育的基础与本真。学校教育的根本应该是教会学生如何做人。作为职业学校，因为开设专业众多，不同的专业又有不同的专业技能培训，这就使职业学校在开展“做人教育”方面具有了比普通高中更大的优势。

很多人认为，一个人意志的磨炼是踏入社会之后的事，其实不然。在学校中，有很多与意志磨炼有关的活动。比如：冬天寒冷早上的按时起床、跑操；参加演讲比赛受挫后的心理历练；所办板报受到同学的耻笑；在提高专业技能中受到的失败；因误会受到老师、同学的误解；好朋友的疏远、背叛；体育活动中的锻炼提高；等等。而在所有这些事件中，大都与心理健康、交往能力、敬业乐业、坚强意志有着直接或间接的关系。心理健康、交往能力、敬业乐业、坚强意志正是一个人适应社会所必须具备的意志品质。

从心理学的角度来看，对于某一观点仅仅知道是远远不够的，要完全地掌握它，就必须身体力行地去实践，才能将之转化为内在的自觉的行为。因此，本模块在设计时，除了提供必要的心理学原理外，更加注重行为的训练和同学们的参与度，力图把行为训练融入到同学们的在校生活和学习之中，并对大家以后的学习、生活提供行为指导。模块中所举的例子，尽可能选用发生在同学们身边的真实事件，以期更有效地引起大家的思考与共鸣。

为了培养同学们具备坚强的意志品质、健康的心理素质、高超的交往能力、敬业乐业的职业精神，我们设计了本模块。

本模块由抗压耐挫、心理健康、理智坚毅、学会交往、学会做事、敬业精神六个项目组成，每一个项目包含两个具体的活动。

为了激发同学们的参与热情，我们引入了评价机制。评价分为“短评”和“长评”。“短评”即在每一个活动中，在“友善点评”环节由学生本人进行“自我评价”和同学间、师生间的相互留言。“长评”即在本模块所有活动结束后对学生在本模块活动中的表现进行总体性评价。

同学们，让我们风雨与共，携手前行吧！

1 抗压耐挫

英国的科学家曾经做过这样一个实验。

他们为了试一试南瓜这样一种普普通通的廉价植物的生命力有多强，就在很多同时生长的小南瓜上加砝码，前提是既不能把它压坏了，也不能把它压得不再成长。

这样，不同的南瓜被压上不同的砝码。从一天几克到十几克，再到几十克上百克，甚至上千克。到最后成熟的时候，在这些南瓜中，只有一个压得最多。它上面足足压了几十千克的重量。

实验的最后一步，是看看这些不同的南瓜质地是否相同。科学家们把这些南瓜一字摆开，然后再用利刃切开。

当别的南瓜都随着噗噗声刀落瓜开的时候，唯独这个南瓜却把刀弹开了。科学家又找来斧子，结果它把斧子也弹开了。最后，科学家用电锯才把它吱吱嘎嘎地锯开。这个南瓜果肉的强度已经相当于一株成年树干的强度！

不由地想起一句歌词，“天空飘来五个字，那都不是事”，同学们，当我们遇到烦恼挫折的时候，我们心灵的天空，真能飘来这五个字吗？

◆ 活动时间

二年级下学期，约 4 月份，历时 2 周。

◆ 活动内容

1．逆境还是顺境更有利于成长

组织召开以“逆境还是顺境更有利于成长”为主题的辩论会，开展感悟课活动。

2．耐挫折训练

引导大家反思自我，认识挫折，制订计划，参与实施，开展感悟课活动。

◆ 活动目的

通过开展辩论会和参与耐挫折训练，使同学们能够正确地理解顺境和逆境的辩证关系，特别是能够正确地面对逆境。使大家认识到：挫折具有普遍性、客观性，是任何人都不能避免的；挫折是令人不快的，但是不快的程度及其转化情况却是由自己控制的。

引导大家反思自我，掌握提高耐挫折能力的方法途径，且有针对性地制订抗压计划，积极参与耐压训练，提高抗压能力。

活动 1　逆境还是顺境更有利于成长

创设情境　人的一生，不可避免地都会遇到各种各样的顺境和逆境。但对待顺境和逆境的态度，却因人而异。有的人说，顺境更有利于人的品格培养、性情陶冶，更有利于成长，正所谓“好风凭借力，助我上青云”。但也有的人说，逆境能够丰富经验、拓展视野，更有利于成长，好比如“宝剑锋从磨砺出，梅花香自苦寒来”。

那么，同学们，就让我们认真准备，来一场以“逆境还是顺境更有利于成长”为主题的辩论会吧！

启发与感想

1．你喜欢顺境还是逆境？为什么？

2．到目前为止，你认为自己遇到的顺境多一些还是逆境多一些？

____

____

3．你认为顺境还是逆境更有利于成长？

____

____

体验活动 举办一场以“逆境还是顺境更有利于成长”为主题的辩论会。

1．活动准备。

（1）辩论会知识普及及学习。

（2）学生根据观点分组，确立正、反双方，组建辩论队。

（3）正、反双方辩论队各自分工、准备。

（4）选定主持人，聘请评委（可邀请校领导及班级任课教师）。

（5）确定辩论会举行时间。

（6）辩论会设备准备、场地布置。

2．活动进行。

正方：顺境更有利于人的成长。

反方：逆境更有利于人的成长。

3．注意事项。

（1）班主任要根据场上具体情况，进行适时适当的引导。

（2）选好主持人，对主持人最好事先进行适当的培训与指导。

（3）切忌场上选手用语不当，出现人身攻击。

（4）在辩论会进行过程中，尽量不要打断辩论会的进行，以便更好地激发学生探讨、辩论的热情。

（5）注意辩论环节及时间的把握。

感悟表达 通过参与“逆境还是顺境更有利于成长”的主题辩论活动，你现在对逆境和顺境是不是有了一个新的更加全面的认识了呢？对辩论中的“唇枪舌剑”“思想碰撞”，你一定记忆犹新吧？相信你也一定有了不少的感悟和收获，那么，就请你写下来吧！

活动名称	逆境还是顺境更有利于成长	活动时间	
收获与感悟：			

心灵沟通 组织感悟课——“逆境还是顺境更有利于成长”。用 1～2 个感悟课时完成本主题，尽可能让每个学生都有发言机会。第四个环节为扩展环节，可根据实际情况确定是否选用。

1．在主持人的引领下，同学们上台发言，谈参加辩论会的感受或对辩题的认识。

2．主持人或值周班长总结感悟课情况，提出优缺点及努力方向。

3．班主任根据具体情况，因势利导，引导大家理解顺境和逆境的辩证关系，正确面对逆境。

4．分析逆境，普及挫折的概念、产生的原因，激发同学们学习、探讨提高耐挫能力的内在要求，为下一个活动做好铺垫和准备。

友善点评 在参与这次辩论会以及参加主题感悟课活动之后，相信大家都有不同程度的收获吧！你对自己在这次活动中的表现还满意吗？你想知道在这次活动中，自己在别人眼中的表现如何吗？现在就请你邀请其他同学或老师来给自己做个评点吧！

留　言　板
同学一：
同学二：
同学三：
教师点评：

建言献策 参加完这次辩论会，通过与班主任、同学们的交流之后，相信大家都有不少的收获与思考吧！那么，你对这次辩论会的组织过程是否满意呢？对这次活动又有哪些意见或建议呢？请你指出来吧！

建议：

行动点滴 “说”得好不如“做”得好，“辩”得好不如“变”得好。同学们，通过此次活动，相信大家在思想上对逆境、顺境都有了一个更全面更科学的认识了吧！那么，接下来就让我们用文字或图片来记录自己或小组在此次辩论会活动中经历过的辛苦、出现的精彩瞬间，以及自己在参加完这次活动后出现的可喜变化吧！（文字、图片、微信等）

年 月 日 星期 天气

年 月 日 星期 天气

年 月 日 星期 天气

活动 2 耐挫折训练

创设情境 在心理学中，挫折是指人们在某种动机的推动下所要达到的目标受到阻碍，因无法克服而产生的紧张状态与情绪反应。

“人之挫折十之八九”，我们在日常生活、学习中，挫折情境很难避免。比如，学习成绩达不到自己的目标，无机会显示自己的才能和特长，不受老师的喜爱，遭到同学的误解，交不到知心朋友，没评上优秀学生，参加比赛没能拿到名次等。这时，耐挫能力的不同，将会导致不同的后果。耐挫能力强的，会越挫越勇、百折不挠；耐挫能力差的，会颓废沮丧、一蹶不振。

要想提高自身的耐挫能力，首先，必须形成面对挫折的正确态度：面对失败的不屈性、面对厄运的刚毅性和面对困难的勇敢性。其次，还要提高自身良好的意志品质。

张响和郝娟是一所职业学校高二年级汽修三班的学生，两个人都喜欢演讲。在高一时，他们代表班级参加了学校举办的“讲文明、树新风”演讲比赛。张响发挥基本正常，获得了三等奖。可他自己觉得很失败，没有达到自己比赛前的心理预期，从此在演讲方面不再投入。郝娟因为水平有限，没能拿到名次。但她面对失败，没有气馁，没有消沉，反而在演讲方面投入了更多的精力，不断地提高自己的水平。到高二学校举办“唱响青春，放飞梦想”演讲比赛时，张响选择了放弃参加，郝娟却信心满满地参加了比赛。功夫不负有心人，郝娟在此次比赛中，获得了第一名的好成绩。

启发与感想

1．你认为高一时，张响和郝娟谁的演讲水平高？高二时，张响和郝娟谁的演讲水平高？

____

____

2．你认为造成张响和郝娟在高二时，演讲水平出现反转的原因是什么？

____

____

3．在面对失败时，张响和郝娟谁的态度正确？谁的应对行为可取？

____

____

体验活动 增强意志品质是提高耐挫能力的一条重要途径，而加强意志的自我教育又是提高自身意志品质的一个重要方面。请从最能暴露自己意志薄弱的小事做起，请记住“克服困难的过程，即是加强自己意志的过程”。

1．反思自我，认识挫折。

结合自身，认真反思，回答如下问题。

（1）你是一个耐挫折能力强的人吗？

____

（2）当你遇到挫折时，你会选择__________。

A．攻击　　B．逃避　　C．冷漠　　D．固执

E．更加努力　　F．改变方向　　G．调整目标

（3）完成下面表格。

姓名		遇到挫折的时间	
事情经过：			

你是如何对待的：
态度是否正确：

2．制订计划，体验实施。请认真完成下表。

姓　名		时　间	
自我提醒： 针对自己的意志弱点，选择自己喜欢的名言警句，作为自己的座右铭吧！			完成情况
自我约束： 针对自己的意志弱点，制定出5个具体规则来约束自己，比如每天坚持体育锻炼。 一、 二、 三、 四、 五、			完成情况
自我反省： 经常进行自我反省，非常有助于良好意志的培养。现在，就让我们一起来反省一下吧！ 一、 二、 三、 四、 五、			
个人签字			

感悟表达 通过对耐挫折能力的自我反思，制定及实施提高自身意志品质的细则，你现在对挫折是不是有了一个全新的认识了呢？自我的耐挫折能力是否也有所提高了呢？相信你在活动中一定有很多感悟和收获吧！那么，就请你记录下来，让我们一同见证你的成长！

活动名称	耐挫折训练	活动时间	
收获与感悟：			

心灵沟通 组织感悟课——“耐挫折训练”。用 1～2 个感悟课时完成本主题，让每个学生都登台谈活动感受且让每个学生都在学习、卫生、体育三个方面，各举出一个最需要加强的方面，做出改变承诺并大声说出来，彼此交流，互相监督。

1. 在主持人的引领下，同学们上台发言。
2. 值周班长总结感悟课情况，提出优缺点及努力方向。
3. 班主任根据具体情况，因势利导，给予肯定，多加鼓励。

让我们把自己的承诺写下来吧！

学习方面：

____

____

卫生方面：

____

____

体育方面：

____

____

友善点评 通过“自我反思—制订计划—做出承诺—体验实施”四个环节之后，你一定对挫折有了一个全新的认识了吧！那么，你对自己和同学在此次活动中的表现满意吗？请相互评点一下，留个言吧！让我们互相监督，互相鼓励，共同进步！

留　言　板
同学一：
同学二：
同学三：
教师点评：

建言献策 通过此次活动，你认为班级、学校在提升同学们的耐挫折能力方面还应该有哪些措施？自己在提升耐挫折能力方面，还有哪些需要加强？请认真思考，写下你的建议吧！

建议：

行动点滴 在“自我反思—制订计划—做出承诺—体验实施”这四个环节中，有没有哪个环节让你印象深刻？有没有哪个回忆让你刻骨铭心？有没有哪个承诺让你犹豫再三？请把它记录下来吧，让我们用文字或图片来共同见证成长！（文字、图片、微信等）

年 月 日 星期 天气

年 月 日 星期 天气

年 月 日 星期 天气

2 心理健康

甄克喜（化名）是一个学习基础差、自控能力差、学习目标不明确的孩子。上课不认真听讲，睡觉，玩手机，不爱做作业，特别是喜欢上网玩暴力游戏。有一天，他在网吧玩一种杀人游戏时，由于技术欠佳，加之游戏时间过长、有点发困，每次都被游戏中的对手捅倒。坐在他旁边的少年李某恰巧也在玩同一款游戏，看到甄克喜屡次被游戏中的对手捅倒，忍不住对他冷嘲热讽。在游戏里杀红眼的甄克喜顿时火冒三丈，暴跳如雷，理智顿失。他操起网吧老板的菜刀便朝李某砍去，导致李某重伤不治身亡，且把拦架夺刀的网吧老板手臂砍伤。直到警察赶到现场，甄克喜才从“游戏”中惊醒：“我是不是杀人了，会不会坐牢？”

1989 年，世界卫生组织提出了 21 世纪健康新概念：“躯体健康、心理健康、社会适应良好、道德健康。”其中，心理健康是指生活在一定的社会环境中的个体，在高级神经功能正常的情况下，智力正常、情绪稳定、行为适度，具有协调关系和适应环境的能力及性格。

◆ 活动时间

二年级下学期，约 4 月份，历时 2 周。

◆ 活动内容

1．我的心理健康吗

分小组查找、讨论，完成“中学生心理健康标准”且形成文字；完成“心理健康自我诊断报告”；完成“心理健康互评诊断报告”；与班主任进行沟通交流。

2．如何化解不良情绪

办一期以“中学生不良情绪化解”为主题的手抄报；以发生在自己身上的真实事件为案例，根据所学知识，进行剖析总结、反思改进；与同学、班主任进行沟通交流。

◆ 活动目的

通过活动，使学生认识到心理健康的重要性，知道中学生心理健康标准；能够对照标准，查找自身存在的心理问题，掌握不良情绪正确的化解方法，促进学生心理健康。

活动 1　我的心理健康吗

创设情境 阳光职业中专的王峰同学，因为丢了 10 元钱而闷闷不乐。于是，在上课的时候不想听讲而开始玩手机。但被老师发现，手机被没收不说，还被老师批评了一顿。下课后，王峰到学校操场跑步发泄，但不小心又碰倒了吴立同学，吴立张嘴就说：“怎么跑的？没长眼啊！”这句话使心情已经极度不爽的王峰同学彻底爆发，动手打了吴立。事后，王峰同学又被学校给予了“劝其退学”的处分。

启发与感想

1．你认为王峰同学因为丢了 10 元钱而闷闷不乐，对吗？如果换作是你，你会怎么对待？

____

____

2．你认为王峰同学下课后到操场跑步发泄对吗？如果换作是你，你会选择什么样的方式来发泄？

3．你认为导致王峰同学最终受到“劝退”处分的原因是什么？

体验活动

1．围绕“心理健康”这一主题，分组开展活动。全班分成 4 个小组，每个小组负责一项内容。同学们可通过网上或书籍来进行查找，结合讨论来完成。教师根据本班学生的实际情况，设计选项。以下选项可供参考。

（1）什么是健康的心理？

（2）健康心理的好处有哪些？

（3）中学生常见的心理问题有哪些？

（4）中学生健康心理的标准有哪些？

2．各小组经充分搜集、学习、讨论后，由组长负责，对本组所负责的项目进行整合梳理，形成文字资料。

3．班主任对文字资料进行审阅，进行必要的修改和增补。

4．各小组间相互传阅、学习彼此的成果。

5．每个同学在学习相关资料后，依据所学知识针对自身问题进行对比剖析，写出“心理健康自我诊断报告”。

心理健康自我诊断报告							
姓名		性别		年龄		诊断日期	

6．同学之间，两两自由结合，为对方出具“心理健康互评诊断报告”。

心理健康互评诊断报告							
被评人		性别		年龄		诊断日期	
诊断人：							

感悟表达 通过对心理健康知识的学习以及对自己及他人心理健康的反思评判，现在的你一定对心理健康有了一个全新的认识了吧！在活动过程当中，你是不是也有很多的感悟和收获呢？那么，就请你拿起笔，记录下来吧！

活动名称	我的心理健康吗	活动时间	
收获与感悟：			

心灵沟通 组织感悟课——“我的心理健康吗”。此环节的主要目的是，引导大家认识心理健康的重要性，正确对待自身存在的心理健康问题。消除同学们的恐惧心理，使同学们认识到有心理问题很正常。引导同学们依据自身特点，找出合适的调节方法，且通过同学们的“说”，使大家体验到自主学习的快乐及成就感。可用 1～2 个感悟课时来完成。

1．在主持人的主持下，每个学生都登台发言。

（1）说自主学习的过程。

（2）说自我的心理感受。

（3）说整合过程中的体验。

2．值周班长对本节反思课进行总结点评。

3．班主任发言。针对以上环节中每个同学的表现进行表扬与鼓励，对同学们思想上的不足进行纠偏与指导。

友善点评 通过对心理健康知识的学习，想必你现在对自己的心理健康状况一定有了一个更深刻、更全面的认识了吧！现在请你对自己及同学在这次活动中的表现客观评点一下吧！对同学有什么好的祝福，也请大家相互之间留个言吧！

留　言　板
同学一：
同学二：
同学三：

教师点评：

建言献策 关爱自身、关爱同学，你对班级、学校在心理健康教育、心理疏导方面有哪些要求或建议？你认为在当今社会，人们的心理问题严重吗？当人们出现心理问题时，他们能得到及时有效的疏导和治疗吗？对此，你有哪些思考和建议？

建议：

行动点滴 在查找、搜集、学习、讨论有关“心理健康知识”的过程当中，你是不是经历了艰辛、付出了勤劳、进行了探讨？在自我心理诊断过程中，你是否经受了煎熬？在为同学诊断时，你是否秉承了认真的态度？请你用文字或图片记录下来吧！（文字、图片、微信等）

年　月　日　　星期　　天气

年　月　日　　星期　　天气

年　月　日　　星期　　天气

活动 2　如何化解不良情绪

创设情境 同学们，我们在学校的生活、学习过程当中，是否有意识地关注过自己的情绪问题呢？当你在参加比赛或者考试的时候，有没有过紧张的情绪呢？当你参加比赛没能拿奖或者考试成绩不理想的时候，是否有过悲观的情绪呢？当你饥肠辘辘，但不得不排队购饭时，是否有过急躁的情绪呢?当你遇到同学的误解，好心不得好报的时候，是否有过愤怒的情绪呢……

启发与感想

1. 你最近受到过不良情绪的困扰吗?

____

____

2. 当不良情绪袭来时，你是如何应对的呢？

____

____

3. 你的应对措施是否正确呢？

____

____

体验活动

1. 以个人为单位，参考如下问题，办一期以“中职生不良情绪化解”为主题的手抄报，并相互交流，相互学习。

（1）中职生不良情绪产生的原因有哪些？

（2）中职生不良情绪化解的案例。

（3）中职生不良情绪的化解方法有哪些？

2．以发生在自己身上的真实事件为案例，根据所学知识，进行剖析总结、反思改进。

发生时间		发生地点		剖析时间	
事件经过：					
剖析：					
反思与改进：					

感悟表达 通过办以“中职生不良情绪化解”为主题的手抄报，你现在对不良情绪是不是有了新的更加客观的认识？在资料收集，自我剖析、反思的过程当中，相信你一定也有不少的话想说吧！那么，就请你记录下来吧！

活动名称	如何化解不良情绪	活动时间	
收获与感悟：			

心灵沟通 组织感悟课——“如何化解不良情绪”。此环节的目的是通过同学之间及师生之间的交流、讨论，端正同学们对不良情绪的认知态度，提高同学们对不良情绪的化解能力。本环节用1～2个感悟课时来完成。

1．同学间相互交流、讨论。

2．在主持人的主持下，同学们登台谈收获与感悟。

3．值周班长对感悟课进行总结、点评。

4．班主任以发生在自己身上的真实事件为例，进一步引导同学们如何化解不良情绪，坦诚地与大家进行交流。

5．结合同学们的发言，班主任根据实际情况，给予肯定，提出不足，说出期望。

建言献策 通过自我学习，自我反思，同学相互交流、探讨之后，你现在对“如何化解不良情绪”是不是有了自己独到的心得？依据所学心理学知识，你认为今后再遇到类似事件或不良情绪时，应该怎么应对？对“情绪失控”的同学，你有什么好的办法来帮他冷静下来？

建议：

友善点评　通过对“如何化解不良情绪”的学习、探讨，你是否对不良情绪有了一个更客观、更科学的认识了呢？你对自己及同学在这次活动中的表现又是怎么看的呢？满意吗？你对同学有什么寄语和祝福吗？就请相互评点一下吧！

留　言　板
同学一：
同学二：
同学三：
教师点评：

行动点滴　在反思自己的不良情绪时，你是否有过感慨呢？在学习、探讨如何化解不良情绪的过程中，你是否也有一些自己的想法呢？经过与同学和班主任的交流，你是否也有了很多的提高与收获呢？就请你把在活动过程中值得留存的瞬间记录下来吧！（文字、图片、微信等）

年　月　日　　星期　　天气

年　月　日　　星期　　天气

年　月　日　　星期　　天气

____

____

____

3 理智坚毅

理智是指一个人用以认识、理解、思考和决断的能力，或辨别是非、权衡利弊以及控制自己行为的能力。

今年正月初四，当人们还沉浸在走亲访友的欢乐中时，班主任王老师却接到了一个学生小陈家长的电话，询问使用城镇医保的问题。原来，小陈在这两天向心仪已久的女孩表达了爱慕之意，邀约一起看场电影，可被女孩坚决地拒绝了。在伤心愤懑的情绪驱使之下，小陈为了发泄情绪，把自己的拳头狠狠地砸向了大树的树干。意外发生了，小陈的手掌出现了骨折，不得不住院治疗。小陈就这样在医院的病床上度过了这个“难忘”的寒假。不仅经受了身体上的疼痛，还付出了一万多元的治疗费用。全家人也没能安心地过个好年。小陈事后追悔莫及，为自己的不理智行为付出了惨痛的代价。

坚毅的英文为Grit，原意是砂砾，即沙堆中坚硬耐磨的颗粒。向着长期目标，坚持自己的激情，即便历经失败，依然能够坚持不懈地努力下去，这种品质就叫做坚毅。很多学者在研究性格对于成功起到的作用时发现:无论在任何情况下，比起智力、学习成绩或者长相，坚毅是最为可靠的预示成功的指标。而最为重要的是，它不是与生俱来的，是每个人都可以通过后天的开发而获得的。

◆ 活动时间

二年级下学期，约5月份，历时2周。

◆ 活动内容

1. 冲动是魔鬼

组织同学们进行案例收集、案例交流、案例分析。记录发生在我们自身或周边同学身上的真实事件，进行交流探讨、分析研究，以启发我们今后应该如何去做。

2. 毅力是打开成功之门的金钥匙

引导同学们进行自我反思，发现自己身上的“星星之火”，结合学校生活、学习及自身的实际情况，制定培养坚毅品质的细化措施。

◆ 活动目的

让大家认识到冲动的危害，帮助同学们在今后的学习、生活中，用理智战胜情感，学会用正确的方式、正确的途径来理智地处理事情。

让大家认识到坚毅的品质在成功中的重要性，认识到坚毅的意志品质是可以通过后天努力来培养的，帮助学生捕捉到自己身上曾经的坚毅的影子。结合学校生活、学习及自身的具体情况，制定强化细则。

使同学们认识到挫折具有普遍性、客观性，是任何人都不能避免的；挫折虽然是令人不快的，但是不快的程度及其转化情况却是由自己控制的。引导大家反思自我，掌握提高耐挫折能力的方法、途径，且有针对性地制订抗压计划，提高抗压能力。

活动1　冲动是魔鬼

创设情境 小张和小李是一所职业学校一年级的学生。有一天两个人在一起玩耍，由于一言不合，小张动手打了小李一耳光。被打后，面对人高马大的小张，自知不敌的小李便拿起身边的凳子抡了过去，把小张的眼睛打伤了。由于小张伤势较重，学校报了警。

最后，小张住院治疗了半年多，眼睛也留下了轻微的后遗症。而小李由于对小张的伤害构成轻伤，不仅受到了法律的严肃处理而且还赔偿了小张巨额的医药费。学校也对小李进行了严肃处理。

启发与感想

1. 你认为小李的“勇敢行为”正确吗？为什么？

____

____

2. 如果小李抡起的凳子把小张的眼睛打瞎了，你认为会有什么后果？

____

____

3. 当小张和小李发生矛盾的时候，你认为他们应该怎么处理？

____

____

体验活动

1. 案例收集（起因、经过、处理结果）。个人认真收集发生在自己身上或身边的真实案例，记录下来。

2. 案例交流。

同学之间相互交流自己收集的典型案例。通过交流，进一步引起同学们对此问题的重视，并且挑选出一到两个典型的有代表性的案例，作为讨论案例。

典型案例一：

______

______

典型案例二：

______

______

3．案例分析

对案例的起因、经过、处理结果进行具体分析。通过分析，使同学们认识到“冲动是魔鬼”。教师在此过程中，要起到一个“指挥官”的作用，注意“纠与引”：纠正学生的一些不正确观念，引导学生依据法律、道德来分析案例。

事件起因：

______

事件经过：

______

事件结果：

______

通过分析讨论，对你有什么启示？

启示：

______

______

感悟表达 通过以“冲动是魔鬼”为主题的案例收集、交流、分析活动，你现在对“冲动”这个“魔鬼”，一定有了新的认识了吧？在活动过程当中，哪一点给你的感触最深？哪些收获让你印象深刻？请把你在活动中的收获与感悟记录下来。

活动名称	冲动是魔鬼	活动时间	
收获与感悟：			

心灵沟通 组织感悟课——“冲动是魔鬼”。这一环节的主要目的是在同学们树立“冲动是魔鬼”观念的基础之上，进一步引导大家解决“怎么办”的问题。本环节根据同学们的实际

情况，可用 1～2 个感悟课时来完成。

1．学生说。

（1）分小组讨论“遇事怎么做才能避免冲动”，形成共识，并形成书面成果。

（2）在主持人的主持下，各小组选派代表登台演说，展现成果。

2．班主任说。

班主任根据前边几个环节的实际情况，有针对性地加以总结点评，从理论的高度，依据心理学知识，教育引导同学们了解情绪的产生和控制的方法。

友善点评　“冲动是魔鬼”，你以前认识这个“魔鬼”吗？你战胜过它吗？通过以上环节的学习，今后就让我们用理智来战胜它吧！现在请同学们客观地对自己及他人在这次活动中的表现做个评点，留个言吧！也请你邀请你的老师对你在这次活动中的表现点评一下吧！

留　言　板
同学一：
同学二：
同学三：
教师点评：

建言献策　“冲动是魔鬼”，而魔鬼总是悄悄地、不知不觉地来到我们的身边。它可不管我们喜欢不喜欢它。为了今后能更好地打败它，请你现在尝试从不同的角色出发，当“冲动”这个“魔鬼”再度来临时，找出打败它的方法。

当事人：

旁观者：

班主任：

行动点滴 “冲动是魔鬼”，但有时我们也会有一些“可爱”的小冲动。比如你现在是不是又有了记录自己或小组在完成此次任务中经历的辛苦等的小冲动呢，那么就赶快记录下来吧！（文字、图片、微信等）

年　月　日　　星期　　天气

____

____

____

年　月　日　　星期　　天气

____

____

____

年　月　日　　星期　　天气

____

____

____

活动 2　毅力是打开成功之门的金钥匙

创设情境 许斌是博爱县职业中专机电专业的一名学生。他的数学入校成绩只有 30 多分，但他却立志要考上本科院校，于是去请教班主任怎么样才能把数学成绩补上去。班主任告诉他，要想把数学成绩补上去其实也很简单，只需要做好两件事：一是从现在开始，认认真真把初中阶段的数学再学习一遍；二是每天抽出两个小时，雷打不动，专门用来学习数学。许斌这样做了，而且一做就是三年。在三年后的高考中，许斌的数学取得了 81 分的好成绩，如愿以偿地考上了本科院校。

许斌的同学原天友和刘小卫，入校成绩也并不理想，但他们深深知道“勤能补拙”的道理。严格按照班主任制订的学习计划来进行学习。到高三后，更是“变本加厉”，每晚在教学楼走廊灯下学习到凌晨两点还不愿离开，搞得班主任不得不每晚 2 点去教室走廊“撵”他们回去睡觉。睡得晚，但他们却是全班起得最早的，每天早上 5 点半他们又会准时来到教室学习。“功夫不负有心人”，在这种坚毅品质的作用下，他们两个在高考中，双双考入西安交通大学，而当年西安交通大学在河南省职业学校投放的录取名额仅为 4 人。

启发与感想

1．你认为许斌同学数学成绩得以大幅度提高的原因是什么？

2．你认为原天友和刘小卫同学创造“奇迹”靠的是什么？

3．你是一个有毅力的人吗？做个自我剖析。

体验活动 毅力是人走向成功所必须具备的重要的意志品质之一，但我们很多同学现在却并不具备这种优秀的品质。不过不要紧，毅力不是天生的，它可以通过后天的努力来获得。现在，就让我们行动起来吧！

1．认真完成下面问题。

（1）你做过的最有毅力的一件事：

（2）你知道的有关毅力的名言警句：

（3）你认为在校期间，应从哪几个方面加强自己的意志品质？

2．结合上面内容，写一篇有关“毅力”的演讲稿。

感悟表达 通过有关“毅力”的体验活动以及编写有关“毅力”的演讲稿之后，你觉得自己是否是一位毅力坚强的人呢？“不怕你一无所有，就怕你不想拥有”，同学们，让我们从现在开始与“懒惰”告别，为拥有坚强的毅力磨炼自己吧！请把自己在活动中的收获与感悟记录下来吧！

活动名称	毅力是打开成功之门的金钥匙	活动时间	
收获与感悟：			

心灵沟通 组织感悟课——“毅力是打开成功之门的金钥匙”。本环节主要以同学们演讲为主，要求人人参与。可根据实际情况，用2～3个感悟课时来完成。

1．在主持人的主持下，人人登台演讲。

注意事项：（1）主持人应注意把握好时间；（2）要求统一用普通话来进行演讲；（3）引导大家学会鼓掌，学会尊重他人，学会互相鼓励。

2．班主任根据同学们演讲的实际情况，有针对性地加以总结点评，从理论的高度，依据心理学知识，对同学们进一步进行观念强化、行为指引。

友善点评 在这次以“毅力是打开成功之门的金钥匙”为主题的活动之后，你对拥有坚强的毅力是不是更有方向更有信心了呢？你认为自己和同学们在这次的活动中的表现怎么样呢？谁表现得更好呢？现在就请你对自己及同学们在这次活动中的表现互相留个言吧！

留　言　板
同学一：
同学二：
同学三：
教师点评：

建言献策 为了帮助大家增强自己的意志品质，拥有坚强的毅力，老师们想了很多办法。你有哪些更切合实际更有效的方法吗？你认为在我们的班规中应该制定或补充哪些具体措施呢？你对学校有什么建议和要求吗？

建议：

行动点滴　在完成此次以“毅力是打开成功之门的金钥匙”为主题的活动之后，你是否有些思考呢？小心脏是否也受到了一些小小的震动呢？相信你一定已经为拥有坚强的毅力开始了自己的行动，那么就请你记录下来吧！（文字、图片、微信等）

年　月　日　　星期　　天气

年　月　日　　星期　　天气

年　月　日　　星期　　天气

4 学会交往

交往，简单地说，就是人们在生活、学习、工作中的相互交流与往来，是人们与社会广泛接触，与他人建立各种联系的过程。

从横向来看，每个人都需要交往。从纵向来看，人生各个阶段都需要交往。特别是高中阶段，正是生理心理变化的时期，更加需要交往。

良好的交往，可以实现心灵沟通，保持心情愉快；可以结交新友，完善自我；可以帮助我们战胜困难和挫折。而不良的交往，则会导致沟通不畅，朋友反目，孤独寂寞，甚至产生不健康的心理或生理疾病。

在一个班集体中，总有一些同学人际交往能力比较强，深受同学的拥戴和老师的喜欢。但也有一些同学不善与人沟通，缺乏人际交往技巧，同学关系紧张。

请记住：人际交往能力不是与生俱来的，而是在后天不断实践的过程中积累而成的，是可以通过自己的学习，自己的改变，自己的锻炼，自己的坚持来提高的。只要肯努力，你也能够具备良好的高超的人际交往能力！

◆ 活动时间

二年级下学期，约5月份，历时1周。

◆ 活动内容

1. 如何化解人际交往障碍

开展学习、研讨人际关系交往知识。

2. 人际交往的礼仪与技巧

查摆学校交往礼仪的不足之处，制定学校礼仪交往细则。

◆ 活动目的

通过学习人际交往知识，讨论人际交往案例，学会和不同类型的人进行交流，能够正确处理同学之间的矛盾，克服人际交往障碍；通过礼仪场景表演、讨论，查摆不足，制定改进细则，使同学们学会交友，学会处事，提高人际交往能力。

活动1 如何化解人际交往障碍

创设情境 小李是一所职业学校的学生，性格比较内向。宿舍住了8个同学，刚开始，大家相处得挺愉快。可一段时间之后，小李却被宿舍其他7个同学孤立了。为什么呢？主要原因是因为小李的一些不良生活习惯引起的。比如，不注意个人卫生、不打招呼翻动别人物品、不认真值日等。

事情发生后，小李并没有认识到是自己的问题，而是要求更换宿舍。可在更换宿舍后不久，同样的事情又再次发生了。于是，小李再一次要求更换宿舍。

其实，小李的问题是一个人际交往障碍的问题。什么叫人际交往障碍呢？人际交往障碍就是指阻碍人际交往的各种因素的总和。它根据起源可划分为客观因素和主观因素。主观因素有认知障碍、情感障碍和性格障碍等类型，其中以不良性格导致的交往障碍最为常见。

启发与感想

1. 你觉得这次小李能和新室友搞好关系，能住长久吗？为什么？

2．你觉得小李需要哪些帮助？

3．你遇到过类似的人际交往问题吗？

体验活动 我们在日常生活中，不可避免地要与其他人进行交往、交流。是否有时会出现人际交往严重失调、时常受阻的情形呢？这有些时候是因为一些客观的因素导致的，但更多的时候是由我们自身存在的一些主观因素造成的。可怕的是，我们却不知道这一点。为了更好地与他人进行有效地交流、沟通，请认真完成以下项目。

1．认真学习如下材料。

（1）常见的导致中职生人际交往出现障碍的不良性格有：自卑、羞怯、孤僻、嫉妒心理、以自我为中心。

（2）各种不良性格的典型特征。

自卑：缺乏自信，缺少勇气，易悲观。

羞怯：与人交往时过分紧张，出现脸红异常、语无伦次、举止失常等。

孤僻：萎靡不振，不合群，自负。

嫉妒心理：心怀不满，怨恨，缺乏竞争的勇气。

以自我为中心：凡事从自己角度出发，不会顾及他人需求。

（3）各种不良性格的克服指导。

自卑：正确认识自己，调整目标期望，采取积极的自我暗示。

羞怯：端正态度，树立信心，积极参与，多加锻炼。

孤僻：融入集体，积极交往，克服自负。

嫉妒心理：加强修养，转移注意，提高能力。

以自我为中心：多为他人考虑，学会换位思考。

2．组间研讨交流，相互学习。

3．组间讨论，帮小李同学制订出化解人际交往障碍的方案。

感悟表达 通过以上的体验活动，你是否意识到人际交往的问题也曾经或多或少地困扰过你呢？现在你是不是对如何化解人际交往障碍有了一个更深刻地认识了呢？请把你的收获与感悟记录下来。

活动名称	如何化解人际交往障碍	活动时间	
收获与感悟：			

心灵沟通 组织感悟课——“如何化解人际交往障碍”。通过班级讨论帮小李同学制订出化解人际交往障碍的方案，从而使同学们对“如何化解人际交往障碍”有更进一步的认识。本环节根据实际情况，可用 1～2 个感悟课时来完成。

1．各小组选派代表发言，进行成果展示，出示在“体验活动”环节帮小李同学制订出的化解人际交往障碍的方案。

2．班级集体讨论各小组方案的优缺利弊，博采众长，制订出最优方案。

3．值周班长总结感悟课情况，提出优缺点及改进方向。

4．班主任发言。

（1）告诉同学们人际交往过程中出现一些困难和不适是正常的，是不可避免的，并不是人际交往障碍。只有当人际交往“严重失调、时常受阻”时，才说明存在着人际交往障碍。但我们对于在人际交往过程中出现的这些困难和不适，也要高度重视，要有警醒之心。要及时反思自我、调整自我、改进自我，不要演变成人际交往障碍。

（2）一旦出现了人际交往障碍，不要害怕，要学会化解，要积极寻求同学、老师及专业人士的帮助。

（3）对本活动进行总结点评，给同学们以肯定和鼓励，对他们今后的人际交往提出期望。

友善点评 在这次以“如何化解人际交往障碍”为主题的活动之后，你对人际交往障碍和如何化解人际交往障碍一定有了一个初步的认识了吧！现在就请你对自己及同学们在这次活动中的表现进行评点，相互留个言吧！

留　言　板
同学一：
同学二：
同学三：

教师点评：

建言献策 我们在日常的生活和学习工作过程中，要不断地与人交往。特别是在学校的生活和学习过程中，更需要与同学们嬉笑打闹，你帮我助，交集不断。你对同学们在如何预防出现人际交往障碍和如何化解人际交往障碍方面，有什么好的建议？

建议：

行动点滴 在学校的生活学习过程中，我们会遇到各种不同和境况，也会受到各种不良情绪的困扰。通过此次活动的学习，你对如何预防和化解人际交往障碍已经有了更深入的认识。“理论指导实践”，请记录下你的进步吧！（文字、图片、微信等）

年　月　日　　星期　　天气

年　月　日　　星期　　天气

年　月　日　　星期　　天气

活动 2 人际交往的礼仪与技巧

创设情境 我国素有“礼仪之邦”的美称，早在2000多年前，就已经出现了比较成熟的“周礼”。但近些年来，国外的某些媒体批评我国出境游客缺乏礼仪、素质低下的声音却不绝于耳。比如：说话声音大，吃饭声音大，动不动就吵架打架；没有时间观念，常常让其他团员等待归队；爱炫耀，无视当地礼仪、习俗；等等。就是在国内，每逢黄金周旅游高峰期，国内媒体曝光的游客不文明无礼仪的行为也是不胜枚举。比如：随手丢垃圾、随地吐痰；不排队、随意插队；攀爬文物，胡写乱画；在盥洗池内洗脚，让小孩子随地小便；等等。

我们从他们的身上是否也看到了一些自己的“影子”呢？

情景一

学生小李因为生病，需要回家治疗。在班主任处请假后回到宿舍楼取自己的物品。而宿舍楼此时并未开放，宿管阿姨正在打扫卫生。于是小李在楼外大喊：“喂，喂……开门！”

情景二

夏天到了，天气热了。小陈同学为了图凉快，干脆穿了件背心，趿拉着一双拖鞋就进教室上课了。

情景三

学生小赵正在上课，突然间感觉想上厕所，于是没和老师打招呼就直接推门而出。

情景四

学生小张和小杨是某职业学校一年级的新生，刚刚加入校学生会纪律部。星期三的晚上，他们两个一起到各班检查学生的到班情况。可到半路才发现忘了佩戴检查标志，由于不想返回去拿，他们就继续到各班进行检查。当来到高二年级汽修班时，发现有老师正在讲课。于是他们推门而入，直接进到教室里开始清点学生人数。

启发与感想

1．如果你是宿管，你会高高兴兴地给小李开门吗？

2．你认为小陈、小赵同学的做法合乎礼仪吗？小张和小杨同学受到老师的批评委屈吗？

3．你认为钱包鼓了，礼仪丢了，这样的民族能称之为强大吗？

体验活动

1. 校园礼仪场景表演。以“人际交往的礼仪与技巧”为主题，围绕“与老师交往”和“与同学交往”，各小组分别设计脚本（时间、地点、人物、事件），进行角色分配、排练。

（友情提示：脚本贵在真实，但表演可适当夸张，“艺术来源于生活而高于生活”。）

脚本设计参考：

发生时间	
发生地点	
相关人物	
事件经过	

2. 分组表演，进行场景再现。

在主持人的主持下，各小组进行场景再现表演。

感悟表达

反思自己在参与“校园礼仪场景表演”过程中的表现。你对自己的表现满意吗？在日常的学习生活中，你对礼仪重视吗？自己是否也有一些做得不太到位的地方呢？在观看同学们的表演时，你是否也看到了一些自己的影子呢？请把你的收获与感悟写下来吧！

活动名称	校园礼仪场景表演	活动时间	
收获与感悟：			

心灵沟通

组织感悟课——“校园交往中的礼仪与技巧”。以“校园交往中的礼仪与技巧”为主题，围绕“与老师交往”和“与同学交往”以及“校园公共礼仪”进行讨论、总结。先以小组为单位进行，各小组在充分讨论后，形成成果（完成表一）。然后，进行组间交流、讨论、总结，形成班级层面的成果（完成表二）。最后，班主任进行总结点评，并从理论的高度进行指导。

参考建议：各小组在进行讨论形成成果时，应根据本班及自身的实际情况，使各项尽量细化，以便于查找出自身或同学们在礼仪方面的不足；班级层面在进行时，各项尽可能地合并、总结为 10 条，以利于同学们有针对性地进行改进，使操作性更强一些。

参考课时：2～3 个感悟课时。

表一：小组用表

活动名称	校园交往中的礼仪与技巧	活动组别		活动时间	
与老师交往	1．见面主动打招呼。 2． 3． 4． 5． 6． 7． 8． 9． 10．				
与同学交往	1．不给同学起外号。 2． 3． 4． 5． 6． 7． 8． 9． 10．				
公共礼仪	1．语言文明，注意礼貌用语。 2． 3． 4． 5． 6． 7． 8． 9． 10．				

表二：班级用表

活动名称	校园交往中的礼仪与技巧	活动班级		活动时间	
与老师交往	1． 2． 3． 4． 5． 6． 7． 8． 9． 10．				

续表

与同学交往	1. 2. 3. 4. 5. 6. 7. 8. 9. 10.
公共礼仪	1. 2. 3. 4. 5. 6. 7. 8. 9. 10.

友善点评 在这次活动中，你是否自觉不自觉地更加关注自己和同学们在礼仪方面的表现了呢？我国礼仪素来讲究“有来有往”，现在就请你对自己及同学们在这次活动中的表现相互点评一下，互相留个言吧！也请你邀请老师对自己的表现做个点评。

留　言　板
同学一：
同学二：
同学三：
教师点评：

建言献策 通过此次活动，你对自己的礼仪是不是比以前更加重视了呢？在与长辈、老师和同学们的交往中是不是有了更强的自信心了呢？一个人变了，一个班变了，一个学校变了……我们这个社会的文明礼仪之风就又回来了。针对我国近年来出现的个别人“缺乏礼仪，素质低下”的状况，你有什么好的建议来改变不良现状呢？

建议：

____

____

____

____

____

行动点滴 相信同学们在“校园礼仪场景表演”环节都有很多激动人心的时刻吧，在“校园交往中的礼仪与技巧”讨论中是不是也与同学们激烈地辩论呢？把这些精彩的瞬间留下来吧！（文字、图片、微信等）

年　月　日　　星期　　天气

____

____

____

年　月　日　　星期　　天气

____

____

____

年　月　日　　星期　　天气

____

____

____

5 学会做事

从幼儿园开始一直到现在，我们都在学习。那么，我们学习的目的是什么呢？是为了能够学会做事。

人人都在做事，但能把事做好、做精、做得恰到好处的，却并不多见。有一些人做事无数，但真正做成功的却很少；有一些人却不管做什么事，都“有鼻子有眼”，令人刮目相看。为什么会有这么大的差别呢？这与人们做事的态度和方法不同有很大的关系。

那么，如何才能把事情做好呢？

首先，是做事的态度。因为，态度决定一切。

1．要认真

“认真”指的是对所做事情的一种重视、负责任的态度。在学习和生活中不因事小而松懈，不找借口来应付。认真是做好所有事情的重要前提和可靠保障。

2．要守信

守信是一种优秀品质，它体现在做事的每一个细节当中。正所谓：“言不诚，不足以动。”我们要像爱惜生命一样来爱惜它！

3．敢担责

勇于承担责任是一个人必须具备的素质之一。“人非圣贤，孰能无过”，工作中出现失误并不可怕，可怕的是在失误出现之后，寻找借口，百般推脱，不敢担责。只有勇于面对，工作才能不断改进；只有勇于担责，道路才能越走越宽！

其次，是做事的方法。做事要讲究方法。

1．从小事做起

“不积跬步无以至千里，不积小流无以成江海”“一屋不扫，何以扫天下”，小事虽然小，但只要认认真真将每一件小事都做得出色，就能为做大事积累资本、创造条件。

2．要制订计划

“凡事预则立，不预则废”，有计划地做事对于一个人来说，不仅仅是一种做事的习惯，更是能否取得成功的重要因素之一。特别是对于我们学生来讲，显得尤为重要。只有这样，才能使我们在做事的时候有条理，不出现遗漏和失误。

3．要学会创新

“没有创新，就不可能有合理的，尤其是有效的管理。”管理如此，做事亦然。现代企业的用人标准，随着信息技术的飞速发展及产品更新换代周期的变短，也在不断地变化，创新能力被提到了一个前所未有的重要位置。

4．要学会合作

美国作家罗伯特·舒勒曾经说过：“我可以做我认为能够做的任何事情，但我不能单独地做任何事情，这是我学会的一条重要的生活原则。”如果我们不会合作，就将被团队边缘化，做事事倍功半，难以成功。

◆ 活动时间

二年级下学期，约5、6月份，历时2周。

◆ 活动内容

1. 实习的日子

此环节主要分四步进行。

第一步：分小组对往届学生的实习案例进行学习。

第二步：分小组结合所附问题进行讨论，完成《实习准备事项表》。

第三步：组间讨论，对各组的感悟进行总结、提炼，形成班级层面的《实习准备事项表》。

第四步：班主任对同学们的学习、讨论情况进行总结、肯定，对不足或忽略的问题进行点评补充，从理论的高度对学生进行辅导。

2. 做事应该注意的问题

此环节也分四步进行。

第一步：同学们反思自身做事的不足。

第二步：小组讨论总结，形成文字材料。

第三步：组间交流、讨论、总结，形成班级层面的文字材料。

第四步：同学们发言，班主任点评，并针对班级实际情况，进行教育引导。

◆ 活动目的

通过活动，使学生了解实习情况和可能遇到的问题，以及如何正确应对，为学生下一步外出实习和踏入社会做好准备，也对学生在校行为进行指导、纠正；通过学习如何做事的知识及参与有关活动，使学生认识到做事态度和做事方法的重要性，知道如何做事及做事需要注意的事项。

活动1 实习的日子

创设情境 某职业中专安排高三学生外出杭州实习，在出发前老师多次强调团队纪律。不准不打招呼，私自外出。可到杭州安排好食宿后，学生贯能抑制不住对西湖的景仰之情，于是独自一人偷偷溜出宿舍，乘车前往西湖观景。看完白天的景色，他还意犹未尽，又“加班”欣赏了西湖美丽的夜景。晚上，带队老师发现贯能不在，就开始到处寻找。四处寻遍，也未能找到。于是，老师一方面赶紧和学校取得联系，一方面发动学生参与，扩大寻找范围。大家几乎一夜未眠，也没能找到。到了第二天早上，就在大家心急如焚、不知所措，准备报警的时候，贯能同学优哉游哉地乘坐出租车回来了。最后，贯能被取消实习资格，由带队老师护送回家。

同学们，我们也马上要面临实习了，想必很多同学对外出实习都有点迫不及待了吧？那么就让我们先来了解一下外出实习的情况吧！

启发与感想

1．你认为贾能同学的做法正确吗？

2．你认为贾能同学被取消实习资格委屈吗？

3．你对外出实习有哪些设想？

体验活动

1．请同学们分组阅读如下有关实习的案例。

实习感受 1：面试

今天我面试通过了，好高兴。一颗悬着的心终于落地了。其实，我在面试前其他都不害怕，就是担心自己的博爱普通话人家听不懂。不过，还好。

今天的面试还发生了两件事，挺意外的。一件是我们班学习最好的张东海竟然没面试上。原因是面试官在问他“8×3”多少的时候，他由于紧张回答成了“二十七”。希望他下一个公司能面试上。还有一件事是我们班的王小红本来没有面试上，但是在面试结束的时候，由于她对面试官说了声“谢谢”，竟然又被面试官叫回来，给通过了。看来礼貌用语很神奇啊，今后我也得注意自己的语言了。

实习感受 2：很辛苦

工作一个多月了，最深的感触就是累。每天正常工作 8 个小时，加班 4 个小时，一天要站 12 个小时。除了吃饭，基本就是睡觉。已经有个别同学受不了，申请回去了。我一定要坚持下去。不出来实习不知道，现在才深深地理解了父母的辛苦！

实习感受 3：学会做人

刚来公司不久，就被一个老员工给吼了。当时气死我了，真想和他干一仗。可转念想起临来时班主任老师的交代：“出门在外，遇事要冷静，凡事多忍让。”于是，我就默默地忍下了。可没想到，过了两天，这个老员工要请我吃饭。原来，那天他刚和女朋友吵了架，心情不好。现在我们成了朋友，他挺照顾我的。真庆幸当时没跟他对着干。看来，老班说的没错，宽容是一种美德。

实习感受 4：人最终还得靠自己

这两天认识一个济源的，也算是老乡了吧。他初中毕业就出来打工了。现在的工资比我高，可是他却喜欢赌博。这么多年了，竟然没攒住钱。想想也是，在学校里有班主任和老师管着，就算犯错误了，也有人管你、教育你。出来学校到社会上了，才没人管你呢。一切只有靠自己，“革命行动靠自觉”。我劝过他戒赌了，不知道他能不能戒？我看有点悬。如果他戒不了，今后得离他远点了。

实习感受5：安全很重要

这两天听说了一件事。我们班的王小兵和王小军外出理发，被“宰”了。其实，带队老师已经交代过，在你未熟悉本地情况之前，理发最好到公寓内的理发店或者大学城旁边的理发店理发。他们俩不听老师的话，哎！听说他们两个现在还没有给带队老师说这件事。我现在很纠结，要不要去安慰一下他们两个呢？要不要把这件事告诉带队老师呢？

2．认真思考，独立完成如下问题。

（1）案例中，是否有人受到挫折，他是怎么对待的？他的做法正确吗？如果不正确，正确的做法是什么？

____

____

（2）案例中，是否有人遇到交友问题？他是怎么处理的？他处理的方法正确吗？如果不正确，你认为应该怎么处理？

____

____

（3）案例中，是否有人遇到与上司或者同事相处的问题？他是怎么处理的？他处理的方法正确吗？如果不正确，你认为应该怎么处理？

____

____

（4）案例中，是否有人遇到有关毅力的问题，他是怎么对待的？他的态度正确吗？如果不正确，你认为正确的做法是什么？

____

____

（5）案例中，是否有人遇到有关安全的问题，他是怎么对待的？他的做法正确吗？如果不正确，你认为正确的做法是什么？

____

____

3．分小组讨论，完成表格一。

表格一：小组用表

实习准备事项表					
姓　　名		组　　别		时　　间	
物质准备					
心理准备					
注意事项					
其　　他					

4．组与组之间围绕“实习准备事项表”中的项目进行交流、讨论，在班级层面完成“实习准备事项表”。

表格二：班级用表

实习准备事项表					
班　　级		主 持 人		时　　间	
物质准备					
心理准备					
注意事项					
其　　他					

感悟表达 通过对实习案例的学习、讨论，你对实习是不是有了更全面的了解了呢？是不是有了更充分的准备了呢？在学习过程中，是不是也有一些话想说呢？在讨论过程中，是不是也“碰撞”出了一些思想的“火花”了呢？把你的感悟写下来吧！

活动名称	实习的日子	活动时间	
收获与感悟：			

心灵沟通 组织感悟课——“实习的日子”。本环节根据班级同学们的实际情况，用1～2个感悟课时来完成。

1．同学谈：在主持人的主持下，同学们登台发言。

（1）谈对实习的憧憬。

（2）谈对前面实习案例的认识。

（3）谈在完成《实习准备事项表》过程中的感受。

2．值周班长总结感悟课情况。

3．班主任谈：对同学们给予肯定与引导。

（1）对同学们的学习、讨论情况进行总结、肯定。

（2）依据班级层面的“实习准备事项表”进行有针对性地点评，特别是对同学们没有想到的忽略的问题进行重点补充。

（3）从理论的高度，对同学们将要开展的实习进行辅导，引导大家学会预测可能发生的人际交往关系并做好应对准备。

友善点评 在这次以“实习的日子”为主题的活动中，你认为自己和同学们的表现怎么样呢？谁表现得更好呢？谁对“实习”更加期待呢？同学们之间对彼此的实习又有哪些祝愿呢？现在就请你们互相评点一下，相互留个言吧！

留　言　板
同学一：
同学二：
同学三：
教师点评：

建言献策 根据自己对往届同学实习情况的了解以及此次同学们对实习情况的共同探讨，你认为同学们在期待实习的同时，还有哪些工作需要准备？另外，你对学校安排的实习又有怎样的要求和建议呢，请你写下来吧！

建议：

行动点滴 通过此次我们共同探讨“实习的日子”，大家对实习应该在哪些方面做好准备工作一定有了一个全面、清晰的认识。其实，有些方面的要求不仅仅在实习的时候应该做到做好（比如安全方面），在平时，我们也是应该做到位做得好的。请记录下自己在学习生活中的进步以及为实习而进行的准备吧！（文字、图片、微信等）

年　月　日　　星期　　天气

年　月　日　　星期　　天气

年　月　日　　星期　　天气

活动 2　做事应该注意的问题

创设情境 张杰是一所职业学校的高二学生。有一天，班主任老师让他把上课迟到的名单写一份上交。他三下五除二，很快就写好了。交到班主任处，不仅没有受到班主任老师的表扬，反而被班主任批评了一顿。为什么呢？原来，张杰所写的记录单上，既没有注明日期、节次，字体还龙飞凤舞，让人不得辨识。

小欧、小李、小陈和小张也是一所职业学校高二的学生。这一天轮到他们四个负责打扫班级的卫生区。他们四个非常认真，把卫生区打扫得异常干净。可最后，不仅没被班主任老师表扬，反而也被批评了一顿。为什么呢？原来，他们四个没有按时去打扫卫生区的卫生。在他们去打扫之前，学校的卫生检查小组已经检查过了。

同学们，从他们身上，你是否也看到了自己的一些影子呢？那么，做事应该注意哪些问题呢？

启发与感想

1. 你认为张杰在帮班主任做事时态度认真吗？

2. 你觉得小欧、小李、小陈和小张为什么会“出力不讨好”？

3．在以前的学习生活中，你出现过类似的问题吗？

体验活动

1．请各自反思一下自己在校期间，在做事方面有哪些不足，在哪些方面做得比较好。

（1）纪律方面

不足：

比较好的地方：

（2）生活方面

不足：

比较好的地方：

（3）卫生方面

不足：

比较好的地方：

2．结合自己在校做事的表现，围绕“做事应该注意的问题”写一篇征文。

3．学生征文展示，相互交流学习。

可以选择悬挂张贴或者印刷成册的方式来进行，也可利用QQ或微信平台来进行展示交流。

感悟表达 通过对自己做事的反思以及与同学们之间的讨论，现在你对做事应该注意哪些问题有了一个比较清晰的答案了吧？是不是也有些感悟呢？在学习了其他同学有关“做事应该注意的问题”征文之后，你又有哪些新的认识与收获呢？现在，就把你的收获与感悟记录下来吧！

活动名称	做事应该注意的问题	活动时间	
收获与感悟：			

心灵沟通 组织感悟课——“做事应该注意的问题”。本环节在前面“体验活动”的基础上，引导同学们结合在校实际，对“做事应该注意的问题”进一步展开大讨论，形成班级共识，指导大家今后做事。可根据实际情况，用1～2个感悟课时来完成。

1．在主持人的主持下，展开“做事应该注意的问题”大讨论。

2．在大讨论的基础上，由班委对大家的讨论结果进行汇总、总结，完成下表。

活动名称	做事应该注意的问题	班级		活动时间	
纪律方面	1. 2. 3. 4. 5. 6. 7. 8. 9. 10.				
生活方面	1. 2. 3. 4. 5. 6. 7. 8. 9. 10.				

续表

卫生方面	1. 2. 3. 4. 5. 6. 7. 8. 9. 10.

3．张贴或印刷分发此表，以指导同学们今后做事。

4．值周班长对感悟课进行总结点评。

5．班主任依据班级形成的“做事应该注意的问题”汇总表，做好对同学们的引导、鼓励工作。

友善点评 在这次以“做事应该注意的问题”为主题的活动之后，你对怎么做事一定有了一个更全面的认识了吧！对自己以前做事过程中存在的一些问题和不足是不是也有了一个更深刻的认识了呢？相信你今后做事一定会更加成熟。现在就请你对自己及同学们在这次活动中的表现进行评点，相互留个言吧！

留 言 板
同学一：
同学二：
同学三：
教师点评：

建言献策 学会做人，学会做事。通过这一阶段的学习、反思、讨论，你认为班级、学校在帮助同学们提高做事能力方面还有哪些工作需要做？同学们自己在今后如何提高做事能力方面还有哪些需要注意的事项？

建议：

行动点滴　如何做事？校园内的事情如何做好？在此次活动中，对你触动最大的是什么？班级总结形成的“做事应该注意的问题”是如何指导你做事的？请把你的感悟或者做事的故事记录下来，让我们共同见证自己的成熟与成长！（文字、图片、微信等）

年　月　日　　　星期　　　天气

年　月　日　　　星期　　　天气

年　月　日　　　星期　　　天气

6 敬业精神

敬业精神是指人们基于对某一件事或某一种职业的热爱或者尊敬而产生的忘我投入、高度认真的精神。谈及敬业精神，不由得想起中国近代维新派代表人物、“戊戌变法”领袖之一的梁启超先生所著的《敬业与乐业》一文。这篇文章是梁启超先生在1922年，对上海中华职业学校学生的一次演讲。虽然时间已经过去了近百年，但梁启超先生所讲的内容对今天的我们仍然具有十分重要的现实指导意义。现在就让我们来共同学习一下吧！

敬业与乐业

我这题目，是把《礼记》里头“敬业乐群”和《老子》里头“安其居，乐其业”那两句话，断章取义造出来的。我所说的是否与《礼记》《老子》原意相合，不必深求；但我确信“敬业乐业”四个字，是人类生活的不二法门。

本题主眼，自然是在“敬”字、“乐”字。但必先有业，才有可敬、可乐的主体，理至易明。所以在讲演正文以前，先要说说有业之必要。

孔子说：“饱食终日，无所用心，难矣哉！”又说：“群居终日，言不及义，好行小惠，难矣哉！”孔子是一位教育大家，他心目中没有什么人不可教诲，独独对于这两种人便摇头叹气说道：“难！难！”可见人生一切毛病都有药可医，唯有无业游民，虽大圣人碰着他，也没有办法。

唐朝有一位名僧百丈禅师，他常常用一句格言教训弟子，说道：“一日不做事，一日不吃饭。”他每日除上堂说法之外，还要自己扫地、擦桌子、洗衣服，直到八十岁，日日如此。有一回，他的门生想替他服务，把他本日应做的工悄悄地都做了，这位言行相顾的老禅师，老实不客气，那一天便绝对地不肯吃饭。

我征引儒门、佛门这两段话，不外证明人人都要有正当职业，人人都要不断地劳作。倘若有人问我：“百行什么为先？万恶什么为首？”我便一点不迟疑答道：“百行业为先，万恶懒为首。”没有职业的懒人，简直是社会上的蛀米虫，简直是“掠夺别人勤劳结果”的盗贼。我们对于这种人，是要彻底讨伐，万不能容赦的。今日所讲，专为现在有职业及现在正做职业上预备的人——学生——说法，告诉他们对于自己现有的职业应采何种态度。

第一要敬业。敬字为古圣贤教人做人最简易、直接的法门，可惜被后来有些人说得太精微，倒变了不适实用了。唯有朱子解得最好，他说：“主一无适便是敬。”用现在的话讲，凡做一件事，便忠于一件事，将全副精力集中到这事上头，一点不旁骛，便是敬。业有什么可敬呢？为什么该敬呢？人类一面为生活而劳动，一面也是为劳动而生活。人类既不是上帝特地制来充当消化面包的机器，自然该各人因自己的地位和才力，认定一件事去做。凡可以名为一件事的，其性质都是可敬。当大总统是一件事，拉黄包车也是一件事。事的名称，从俗人眼里看来，有高下；事的性质，从学理上解剖起来，并没有高下。只要当大总统的人，信得过我可以当大总统才去当，实实在在把总统当作一件正经事来做；拉黄包车的人，信得过我可以拉黄包车才去拉，实实在在把拉车当作一件正经事来做，便是人生合理的生活。这叫做职业的神圣。凡职业没有不是神圣的，所以凡职业没有不是可敬的。惟其如此，所以我们对于各种职业，没有什么分别拣择。总之，人生在世，是要天天劳作的。劳作便是功德，不劳作便是罪恶。至于我该做哪一种劳作呢？全看我的才能何如、境地何如。因自己的才能、境地，做一种劳作做到圆满，便是天地间第一等人。

怎样才能把一种劳作做到圆满呢？唯一的秘诀就是忠实，忠实从心理上发出来的便是敬。《庄子》记佝偻丈人承蜩的故事，说道：“虽天地之大，万物之多，而唯吾蜩翼之知。”凡做一件事，便把这件事看作我的生命，无论别的什么好处，到底不肯牺牲我现做的事来和他交换。

我信得过我当木匠的做成一张好桌子，和你们当政治家的建设成一个共和国家同一价值；我信得过我当挑粪的把马桶收拾得干净，和你们当军人的打胜一支压境的敌军同一价值。大家同是替社会做事，你不必羡慕我，我不必羡慕你。怕的是我这件事做得不妥当，便对不起这一天里头所吃的饭。所以我做这事的时候，丝毫不肯分心到事外。曾文正说："坐这山，望那山，一事无成。"一个人对于自己的职业不敬，从学理方面说，便亵渎职业之神圣；从事实方面说，一定把事情做糟了，结果自己害自己。所以敬业主义，于人生最为必要，又于人生最为有利。庄子说："用志不分，乃凝于神。"孔子说："素其位而行，不愿乎其外。"所说的敬业，不外这些道理。

第二要乐业。"做工好苦呀！"这种叹气的声音，无论何人都会常在口边流露出来。但我要问他："做工苦，难道不做工就不苦吗？"今日大热天气，我在这里喊破喉咙来讲，诸君扯直耳朵来听，有些人看着我们好苦；翻过来，倘若我们去赌钱去吃酒，还不是一样在淘神费力？难道又不苦？须知苦乐全在主观的心，不在客观的事。人生从出胎的那一秒钟起到绝气的那一秒钟止，除了睡觉以外，总不能把四肢、五官都搁起不用。只要一用，不是淘神，便是费力，劳苦总是免不掉的。会打算盘的人，只有从劳苦中找出快乐来。我想天下第一等苦人，莫过于无业游民，终日闲游浪荡，不知把自己的身子和心子摆在哪里才好，他们的日子真难过。第二等苦人，便是厌恶自己本业的人，这件事分明不能不做，却满肚子里不愿意做。不愿意做逃得了吗？到底不能。结果还是皱着眉头，哭丧着脸去做。这不是专门自己替自己开玩笑吗？我老实告诉你一句话："凡职业都是有趣味的，只要你肯继续做下去，趣味自然会发生。"为什么呢？第一，因为凡一件职业，总有许多层累、曲折，倘能身入其中，看它变化、进展的状态，最为亲切有味。第二，因为每一职业之成就，离不了奋斗；一步一步奋斗前去，从刻苦中将快乐的分量加增。第三，职业性质，常常要和同业的人比较骈进，好像赛球一般，因竞胜而得快乐。第四，专心做一职业时，把许多胡思、妄想杜绝了，省却无限闲烦恼。孔子说："知之者不如好之者，好之者不如乐之者。"人生能从自己职业中领略出趣味，生活才有价值。孔子自述生平，说道："其为人也，发愤忘食，乐以忘忧，不知老之将至云尔。"这种生活，真算得人类理想的生活了。

我生平最受用的有两句话：一是"责任心"，二是"趣味"。我自己常常力求这两句话之实现与调和，又常常把这两句话向我的朋友强聒不舍。今天所讲，敬业即是责任心，乐业即是趣味。我深信人类合理的生活应该如此，我望诸君和我一同受用！

同学们，我们读过梁启超先生的文章之后，是不是受到了些启发，有了些感悟呢？现在，就让我们通过活动来对"敬业精神"进行更深一步的探讨吧！

◆ 活动时间

二年级下学期，约6月份，历时2周。

◆ 活动内容

1. 寻找敬业榜样

查找自身"敬业"亮点；寻找家长敬业实例；搜集身边敬业事件。

2. 谈谈敬业

反思自己在学习方面、卫生方面、活动方面、纪律方面的敬业情况；讨论、制定在这四个方面的敬业细则；填写《敬业承诺书》。

◆ **活动目的**

通过寻找敬业榜样，使学生发现自身“闪光点”，理解父母的辛劳，体会到敬业的重要；通过“谈谈敬业”活动，引导学生反思自身不足，制定改进细则，做出《敬业承诺书》。

活动 1 寻找敬业榜样

创设情境

“集五福”是由支付宝策划的网络营销活动，支付宝的集福活动时间为 2016 年 1 月 28 日—2 月 8 日，只要聚满 5 个“福”字，含“富强福”“和谐福”“友善福”“爱国福”“敬业福”，就可以与所有聚齐 5 个“福”字的人平分奖金，奖金在活动开始时是 2 亿，在 2 月 2 日，奖金增加到 2.15 亿。

2016 年 2 月 8 日，支付宝公布春晚“咻一咻”数据，互动平台的总参与次数达 3245 亿次，是去年春晚互动次数的 29.5 倍，最终，只有 91 405 位用户集齐了五福，平分了 2.15 亿的大奖，人均 271.66 元。大量的民众没有集到“敬业福”。

“集五福”事件后，有人笑谈：“支付宝给大家上了一课，让所有职场人明白，什么和谐啊，爱国啊，友善啊，富强啊，没有敬业，都是白扯。”

启发与感想

1．你对支付宝这次的“集五福领红包”活动怎么看？

2．你对大家的“笑谈”有什么思考？

3．你敬业吗？

体验活动

1．敬业离我们很远吗？No！它就在你我的身边，就在你我的身上。请回想一下，如果回想不起来，就使下劲哦！

我最敬业的一件事

姓　名		时　间	
经过： 个人签字：			

2．下面这张表，请家长来完成。在家长填这个表之前，请务必让他们看一下上面那张表哦！

家长最敬业的一件事

姓　名		关　系		时　间	
经过： 家长签字：					

3．请认真寻找身边的敬业榜样，收集他们的敬业案例，完成下表。

姓　名		职　业		时　间	
经过： 收集人签字：					

4．分享交流收集到的敬业案例，相互学习。

感悟表达 通过对自我“敬业”情况的反思以及对家长“敬业”事件的了解，你是不是有些意外的感觉呢？通过对自己身边“敬业榜样”的寻找，你是不是又有了一些感悟与收获呢？还记得这句歌词吗，“流着汗水默默辛苦地工作”。现在就请你把这次活动中的收获与感悟认认真真地写下来吧！

活动名称	寻找敬业榜样	活动时间	
收获与感悟：			

心灵沟通 组织感悟课——“寻找敬业榜样”。本环节根据班级的实际情况，用 1～2 个感悟课时来完成。

1．同学谈：在主持人的主持下，同学们登台发言。

（1）谈寻找到的敬业榜样。

（2）谈敬业榜样的敬业案例。

（3）谈对“敬业精神”的认识。

2．值周班长总结感悟课情况。

3．班主任谈：对同学们给予肯定与引导。

（1）对同学们的“寻找敬业榜样、敬业案例收集、彼此交流分享、登台发言情况”进行总结、肯定。

（2）结合同学们在校的实际情况，提出问题，引导大家思考“作为学生，我们如何敬业”。

友善点评 通过对敬业榜样的寻找以及从自身寻找出敬业影子的过程，你是不是更敬业一点了呢？“没有人能随随便便成功”，今后就让我们共同监督、共同进步吧！现在，就请你很敬业地对自己和同学们在此次活动中的表现互相点评一下。

留　言　板
同学一：
同学二：
同学三：

教师点评：

建言献策 关爱自身，关爱同学，互相监督，共同进步。现在，请你为班级提供一则敬业方面的标语，或者在班级“凡人金语”栏目中留下你有关敬业的名言吧！对这次活动你有什么好的建议也请你提出来吧！

敬业标语：

____

____

凡人金语：

____

____

建议：

____

____

行动点滴 自己在“寻找敬业榜样，收集敬业案例”的过程中，一定经历了很多辛苦吧？在活动之后，你对“敬业精神”的重要性也一定有了一个更加全面更加深入的认识，现在就请你把自己的感悟或进步写下来吧！（文字、图片、微信等）

年　月　日　　星期　　天气

____

____

____

年　月　日　　星期　　天气

____

____

____

年　月　日　　星期　　天气

____

____

____

活动 2 谈谈敬业

创设情境 我们同学们当中，可能有的人认为“敬业”离我们很远，是参加工作之后的事，其实不然。要知道，“学生”就是我们现在的职业。你在填写有关表格的时候，职业一栏填的是不是“学生”？那么，就让我们看一下同学们在“敬业”方面的表现吧！

情景一

周日该返校了，可是天公不作美，竟下起雨来。去还是不去？不去还是去？这种天气下，肯定有人选择按时返校，也肯定有人选择找理由请假不去。

情景二

英语课上，有些基础差的同学在努力地跟着老师的讲课节奏认真听讲，而另一些基础差的同学却在玩手机或者睡觉。

情景三

轮到自己值日了，有的同学认认真真，高标准严要求高质量地完成了值日任务，而有的同学却马马虎虎支差应付地完成了值日工作。

启发与感想

1. 如果你遇到情景一中的情况，你会如何选择？

____

____

2. 在情景二中，你会是哪一种听课态度？

____

____

3. 在值日工作中，你是如何完成的？

____

____

体验活动

1. 在学校生活、学习过程中，你是否也遇到过类似的情况呢？你是怎么选择的呢？请认真回想一下，完成下表。

学习方面		你的选择	
卫生方面		你的选择	
活动方面		你的选择	
纪律方面		你的选择	

2. 分组讨论，把学习、卫生、活动这三个方面再做细化，并形成文字上交班委（参考下

表）。班委负责，把各组讨论出台的细化表进行汇总、总结，形成班级层面的细化表，然后分发给个人对照、学习。

学习敬业细化表

1．提前或按时进教室。
2.
3.
4.
5.
6.
7.
8.

卫生敬业细化表

1．提前或按时进行卫生打扫。
2.
3.
4.
5.
6.
7.
8.

活动敬业细化表

1．积极参加学校或班级组织的各项活动。
2.
3.
4.
5.
6.
7.
8.

感悟表达 通过对“学生在校如何敬业”的探讨，通过对“敬业”的细化，相信我们今后做事一定会更加敬业，更加有效，为自己今后事业的成功打下一个良好的基础。在活动中，你有哪些收获与感悟？请你写下来吧！

活动名称	学生在校如何敬业	活动时间	
收获与感悟：			

心灵沟通 组织感悟课——“谈谈敬业”。本环节根据实际情况，可用 1～2 个感悟课时来完成。

1．每位同学根据自己的实际情况，对照敬业细化表，填写承诺书。

承诺书

承诺人		时间		组别	
我承诺：今后，在如下方面一定做得更好、更加敬业！ 1. 2. 3. 4. 5. 6. 7. 8. 9. 10. 个人签字： 监督人签字：					

2．在主持人的主持下，每位同学登台大声宣读各自的承诺书。

3．值周班长对感悟课进行点评。

4．班主任对同学们给予肯定与鼓励。

友善点评 承诺已经做出，下步就看行动。让我们别做语言的巨人、行动的矮子，就让我们从现在开始行动起来吧！让我们认认真真地面对每一件事，面对自己庄严承诺的每一个改变，让敬业陪伴我们一生！现在请你对自己和同学们在此次活动中的表现来做一个点评吧！

留　言　板
同学一：
同学二：
同学三：

教师点评：

建言献策　“人人为我，我为人人”，为了更好地帮助同学们实现自己的承诺，你认为班级或班主任是否该出台一些奖惩措施？你有什么好的建议吗？我们是不是应该建立一种“跟踪机制”来监督、促进同学们的转变呢？请给出你的建议。

建议：

行动点滴　有榜样，有探讨，有目标，有承诺，接下来我们该做什么呢？对，“行动”！同学们，就让我们赶紧行动起来吧！用我们的认真，我们的严谨，我们的勤奋，我们的汗水把“敬业”这个朋友永远地留在自己的身边吧！它一定会帮助我们取得我们想要的成功！现在就让我们认真地记录下我们在此次活动中的精彩和自己在今后的进步吧！（文字、图片、微信等）

年　月　日　　星期　　天气

年　月　日　　星期　　天气

年　月　日　　星期　　天气

活动评价

一、“礼仪之星”（班级）

（一）评比条件

1．本模块进行期间没有严重违纪。

2．仪表得体、尊敬师长、友爱同学。

（二）评比时间

模块三结束后。

（三）评比办法

1．个人提出申请。

2．由班级审核小组对“仪表得体”和“友爱同学”两项进行评审。

3．对入围的同学，由各任课教师对“尊敬师长”这一项进行评审。

4．评审小组对各参评同学的评审情况进行汇总，评出“礼仪之星”。

班级“礼仪之星”			
班　　级		时　　间	
姓　　名		组　　别	

二、优秀建议奖（班级）

（一）评比条件

本模块进行期间，所提建议有针对性、建设性、可行性。经班委讨论后予以采纳，且取得不错的实际效果。

（二）评比时间

模块三结束后。

（三）评比办法

1．小组推荐结合班委提名，产生入围名单。

2．由班主任、任课教师、学生代表共同组成的评审小组对入围建议进行评审，产生本奖项。

优秀建议奖
获奖人：
所提建议：
获奖理由： 评委签名：

三、“礼仪之星”（校级）

（一）评比条件

1．本模块进行期间没有严重违纪。

2．仪表得体、尊敬师长、友爱同学。

（二）评比时间

模块三结束后。

（三）评比办法

1．各班申报，候选人从班级“礼仪之星”中产生。

2．校审核小组对各班候选人进行评审，评出校级“礼仪之星”。

（四）名额

每班3～5名。

校级“礼仪之星”			
姓　名		班　级	

四、优秀建议奖（校级）

（一）评比条件

本模块进行期间，所提建议有针对性、建设性、可行性。经学校讨论后予以采纳，且取得不错的实际效果或被班级采纳，在本班推行且取得实效。

（二）评比时间

模块三结束后。

（三）评比办法

1．各班推荐候选人，产生入围名单。

2．由校级评审小组对各候选人所提建议进行复评，产生校级优秀建议奖。

（四）名额

根据实际情况确定，建议每班最多两名。

<table>
<tr><th colspan="4">优秀建议奖</th></tr>
<tr><td>获奖人</td><td></td><td>班　　级</td><td></td></tr>
<tr><td colspan="4">所提建议：</td></tr>
<tr><td colspan="4">获奖理由：

评委签名：</td></tr>
</table>

模块四

增强素质　服务国家

所谓素质，是指一个人在政治、思想、作风、道德品质和知识、技能等方面，经过长期锻炼、学习所达到的一定水平。素质是人的一种较为稳定的属性，能对人的各种行为起到长期的、持续的影响甚至决定作用。

从整体看，素质分四个方面：思想素质、文化素质、专业素质和身心素质。知识是形成素质的基础，精神是素质的内在本质，能力是综合素质的表现。素质高必能力强，在一定意义上讲，能力是衡量素质的一项重要指标。

三年中职学习阶段是人生发展的黄金时期，是提高个人各项素质、培养各种能力的最佳时期。珍惜时间，读书学习，积极参加各类有意义的活动，不断提高个人综合素质，提升各种能力，如心理调适能力、独立生活能力、人际交往能力、动手操作能力和组织管理能力等，为实现自己的人生梦想打下坚实的基础。

在本模块中，我们设计了六项活动内容，首先开展综合素质教育，通过学习、生活、劳动、交往等各项活动，锻炼提高个人综合素质，奠定成长、成才的基础。

其次，开展社会公德教育，人人遵守社会公德，人人争做模范公民，净化不良的社会风气，营造良好的道德氛围，建设和谐社会。

接着是开展创业创新教育，训练创新思维，培养创新意识，提升创新能力，练就创业本领，推动生产发展，社会进步。

第四项是开展终身学习教育，树立终身学习理念，活到老，学到老，提升学习能力，发挥个人潜能，增强自我发展能力。

第五项是开展责任意识教育，增强责任感，提升责任心，做到知责、明责、负责、尽责，勇于担当，敢于负责，做尽责标兵。

最后是开展爱国主义教育，加深对祖国的深厚感情，树报国之志，践报国之行，努力读书学习、练好本领，自觉履行爱国的责任和义务。

在本模块活动之后，结合同学们的平时表现，我们要开展“文明之星”和“尽责标兵”两项先进个人评选。同时，还要开展校“文明班级”评选。通过先进个人和先进集体的评选活动，彰显文明之风，增强责任意识。

1 培养素质

人的素质是指构成人的基本要素的内在规定性，即人的各种属性在现实中的具体体现以及它们所达到的质量和水准，是人们从事各种社会活动所具备的主体条件。素质的形成与发展是一个长期内化的过程。“能力”与“素质”密切联系，能力必须以素质为基础，素质的特点是“内凝”，而能力是“外显”，素质是能力的基础，能力是素质的表现。我国目前正在提倡并推进素质教育，这是关系到我国国富民强、长治久安的重大决策，具有很大的现实意义与历史意义。

◆ 活动时间

二年级下学期，约 4 月份，历时 2～3 周。

◆ 活动内容

1. 必须具备的基本素质

组织实践探讨活动。通过实践探讨不断明确未来社会对我们的基本要求，认清我们应该具备的基本素质，为我们的个人发展指明方向。

2. 如何提升个人素质

组织研讨交流活动。通过小组和班级探讨交流，掌握实现个人基本素质提升的途径、方法，为个人终身发展奠定基石。

◆ 活动目的

认识提高综合素质的重要性，明确我们应该具备的基本素质，在学习、生活、劳动、交往中锻炼提高综合素质，提升各种能力。

活动 1　必须具备的基本素质

创设情境 作为一名中职生，在日常生活学习和交往中，我们应该具有哪些基本素质呢？下面这则小故事大家不妨一读。

有一次，日本的松下公司要招聘一批推销人员，考试是笔试和面试相结合。这次招聘的人总共只有十名，可是报考的达到几百人，竞争非常激烈。经过一个星期的筛选工作，松下公司从这几百人中选择了十名优胜者。

松下幸之助亲自过目了一下这些入选者的名字，令他感到意外的是，面试时给他留下深刻印象的神田三郎并不在其中。于是，松下幸之助马上吩咐下属去复查考试分数的统计情况。

经过复查，下属发现神田三郎的综合成绩相当不错，在几百人中名列第二。由于计算机出了毛病，把分数和姓名排错了，才使神田三郎的成绩没有进入前十名。松下幸之助听了，立即让下属改正错误，尽快给神田三郎发放录取通知书。

第二天，负责办理这件事情的下属向松下幸之助报告了一个令人吃惊的消息：由于没有接到松下公司的录取通知书，神田三郎竟然跳楼自杀了，当录取通知书送到时候，他已经死了。这位下属还自言自语地说："太可惜了，这位有才华的年轻人，我们没有录取他。"

松下幸之助听了，摇摇头说："不！幸亏我们公司没有录取他，这样的人是成不了大事的。一个没有勇气面对失败的人又如何去做销售！"

启发与感想

1. 从上述招聘故事中，我们可以看出造成神田三郎悲剧的原因是什么？

____

____

2．如果遇到类似情况，我们应该怎么办？

____

____

3．请你对神田三郎的个人素质做一个综合评价。

____

____

体验活动 学校是培养人才的地方，作为一名中职生，在学校的任务就是培养能力，提高素质。是鹰总要翱翔天空，当我们步入社会，面临就业岗位的挑战时，我们准备好了么？根据所学专业，同学们分别扮演不同的角色，模拟就业场景。

1．以班为单位，先分组进行活动（各小组自行设计活动剧本），再班级整体活动。

2．人人参与，个个锻炼，全面发展。

3．组成学生评委，点评激励表演同学。

4．大家发表感想，分享交流，明确方向，共同提高。

5．各小组活动剧本装订成册，相互交流和留存。

感悟表达 通过实际场景模拟，感受体验不同职业岗位对个人素质的要求，谈谈个人感受和岗位素质要求。

活动名称	我们应该具备哪些素质	活动时间	
收获与感悟：			

心灵沟通 以“我们应该具备哪些素质”为主题组织感悟课活动，每节课设计 3 个左右环节，每个同学都要上台发言交流，根据情况可用一至多个感悟课时完成本主题。

1．活动主持：值周班长。

2．活动步骤。

（1）分组活动：各小组围绕主题开展讨论活动（组长主持）。

（2）典型发言：各小组推荐优秀代表参加班级交流发言，展示小组风采。

（3）点评激励：对各小组代表发言进行自由点评，深化活动主题，激励共同进步。

3．活动总结：班主任总结评价本次活动，指出活动开展的成功和不足之处，提出今后努力方向。

友善点评 通过模拟就业场景，开展实践探讨活动，以及感悟课上同学们的感悟分享，大家对“我们应该具备哪些素质”有了深刻的认识，下面的友善点评会使同学们得到进一步的提升。请拿起笔，为他人写下你真诚的留言吧！

留　言　板
同学一：
同学二：
同学三：
教师点评：

建言献策 为将来适应社会发展需要，满足未来社会职业岗位需求，作为一名中职生，在校期间我们还有哪些素质需要培养？请提出你的意见和建议。

建议：

行动点滴 同学的精彩表演，自己的得意之处，都将成为我们记忆中难忘的一页，请记录下那一个个精彩的瞬间。（文字、图片、微信等）

年　月　日　　星期　　天气

年　月　日　　　星期　　　天气

年　月　日　　　星期　　　天气

活动 2　如何提升个人素质

创设情境　教养反映素质，素质体现细节，细节决定成败。请阅读下面发生在二十多年前的一个真实的故事。

某名牌大学硕士研究生杨君，毕业前夕到国家某部委实习。一位处长见杨君闲着，无事可做，就叫杨君去打开水，心高气傲的杨君回答说："我是堂堂的名牌大学的硕士研究生，怎么能干这些杂工活！"晚上，杨君乘实习单位的员工接送车回学校。上车后，杨君发现有一个座位空着，就毫不客气地坐下。车即将启动时，上来一位五十来岁的中年人，他是杨君实习单位的一位司长，那个位置就是专门留给他的。有人看了杨君一眼，示意他起来让座，杨君没有反应。一个星期后，实习单位通知叫杨君不要来实习了。

1. 杨君的第一次表现反映了个人素质哪方面的缺失？

2. 杨君的第二个举动又表现出个人素质哪方面的不足？

3. 初入职场的年轻人应该有哪些基本素质和态度？

体验活动 组织“如何提升个人素质”研讨交流活动。宣传发动，人人参与，活动分四个阶段。

1．资料准备阶段：可以到书店购买或图书室查找或网上收集《中学生必备的 10 种素质》及其他素质培养书籍或网络资料。

2．阅读学习阶段：阅读图书资料，做好读书笔记，每人要收集 3～5 个案例用于交流。

3．交流分享阶段：每个同学将个人学习案例、心得与大家交流分享。

4．总结提高阶段：针对同学们交流的案例，总结提升个人素质的途径方法。

感悟表达 写感悟日记，用文字记录自己在活动中的表现，描写给自己留下印象最深最美的片段，分析得与失，与同学分享自己的感悟。

活动名称	如何提升个人素质	活动时间	
收获与感悟：			

心灵沟通 以“如何提升个人素质”为主题组织感悟课活动，每节课设计 2～3 个环节，每个学生都要上台发言交流，根据情况可用一至多个感悟课时完成本主题。

1．活动主持：值周班长。

2．活动步骤。

（1）分组活动：各小组围绕主题开展讨论活动（组长主持）。

（2）典型发言：各小组推荐优秀代表参加班级交流发言，展示小组风采。

（3）点评激励：对各小组代表发言进行自由点评，深化活动主题，激励共同进步。

3．活动总结：班主任总结评价本次活动，指出活动开展的成功和不足之处，提出今后努力方向。

友善点评 通过参加“如何提升个人素质”研讨及感悟课活动，每个同学都对提升个人素质的途径、方法有了一定的认识，友善点评将使同学们再上台阶。

留 言 板
同学一：
同学二：

同学三：
教师点评：

建言献策 素质提升永无止境。空谈不可能提升素质，素质的培养需要在活动开展中实现。在我们的日常学习和各项活动中，如何提升个人素质，你还有什么好的想法或建议？

建议：

行动点滴 记录自己在研讨交流和感悟课活动中的所思所想所悟，不断提升个人素质。（文字、图片、微信等）

年　月　日　　星期　　天气

年　月　日　　星期　　天气

年　月　日　　星期　　天气

2 社会公德

社会公德是指人们在社会交往和公共生活中应该遵守的行为准则，是保证社会和谐稳定的最起码的道德要求。在我国现代社会中，社会公德的主要内容为：文明礼貌、助人为乐、诚实守信、牢记责任、爱护公物、保护环境和遵纪守法。社会公德是社会道德的基石和支柱，是精神文明的窗口。

在人类社会的发展历史进程中，由于家庭、社会和教育等多方面原因，人们在社会公德方面的个体差异永远存在，最美社会公德者张扬时代正气，不良社会公德现象在舆论的谴责声中也难以禁绝。认识不良社会公德现象的危害，坚决抵制不良社会公德现象，应该成为大家的自觉行动。宣扬社会公德，树立文明标兵，不断将社会公德内化为个人的道德品格，养成良好的道德习惯，人人争做社会公德模范，共同创建文明和谐的新生活。

◆ 活动时间

二年级下学期，约 4 月中下旬。

◆ 活动内容

1．不良社会公德现象及原因

开展不良社会公德现象调查研究，完成调查报告。认识不良社会公德现象的危害，分析其产生原因，自己坚决避免，并努力帮助身边的人消除不良社会公德现象。

2．寻找最美社会公德瞬间

举办最美社会公德图片展。建设和谐社会人人有责，寻找最美社会公德，捕捉人间最美瞬间，用我们手中的相机或手机让美变成永恒。

◆ 活动目的

实施社会公德教育，激浊扬清，自觉抵制不良社会公德现象，人人遵守社会公德，争做公德模范，弘扬社会正气。

活动 1 不良社会公德现象及原因

创设情境 小中能见大，细节决定成败。看似随意的小事，有时却会酿成难以弥补的大祸。请阅读下面一则故事。

公交车上，一名男子靠着车窗，悠闲地抽完一支香烟，一挥手，烟头划出一道火红的弧线，以一种优美的姿态飞出窗外。两秒钟后，一辆疾驶而来的出租车突然转了方向，一头扎进路边的绿化带。半个月后，一家工厂发生了火灾，上千万元的资产顷刻化为乌有。一个月后，当初

扔烟头的男子戒烟了，因为他失业了。

失业的原因是，他所在的工厂破产了。工厂破产的原因是，半个月前一场大火把工厂烧了个精光。工厂失火的原因是，一个月前请来的对工厂消防设施进行改造的工程师出了车祸。工程师出车祸的原因是，他乘坐的出租车突然冲进了绿化带。出租车冲进绿化带的原因是，有一个燃着的烟头突然落入了司机的衣领。

启发与感想

1．你认为上述事件发生是偶然的吗？

____

____

2．从上述案例中，我们可以看出造成悲剧的根本原因是什么？

____

____

3．违背社会公德，害人害己，你还能找出此类例子吗？

____

____

体验活动 开展“不良社会公德现象”调查，通过问卷调查，总结分析数据，提出结论和建议。

1．设计调查问卷。

个人基本信息：性别__________　年龄__________　职业__________

序号	不文明现象	照照我自己（有的打“√”，没有的打“×”）
1	讲粗话脏话，语言不文明。	
2	随地吐痰，乱扔垃圾。	
3	毁坏树木，践踏草坪。	
4	公共场所随意大声接打电话。	
5	公共场所吞云吐雾。	
6	随处乱涂乱画。	
7	购物买票不排队，上车先占位。	
8	在食堂餐厅吃饭浪费无度。	
9	在宿舍内大声喧哗、唱歌。	
10	往水池里倒剩饭剩菜，造成堵塞。	
11	乱拿别人东西，占小便宜。	
12	开长明灯，放长流水，浪费水电。	

续表

序号	不文明现象	照照我自己（有的打“√”，没有的打“×”）
13	在网络上发布一些不实言论或虚假信息。	
14	发送不健康的垃圾信息与邮件。	
15	观看和传播黄色书刊或音像制品。	
16	背后议论别人，当面嘲笑他人。	
17	敲诈勒索他人钱物。	
18	不遵守时间。	
19	打架斗殴，破坏团结。	
20	骂人或给他人起不雅绰号。	

2．选择调查对象，开展调查活动：不分男女老少及从事职业，随机选定 100 人，发放、填写和回收调查问卷。

3．调查数据分析总结：通过社会调查、整理数据，归纳出不良社会公德现象排行榜前十名，完成下表。

No.1	
No.2	
No.3	
No.4	
No.5	
No.6	
No.7	
No.8	
No.9	
No.10	

4．总结并提出建议。

感悟表达 通过参加“不良社会公德现象”调查活动，同学们对校园内、社会上不文明、不道德言行的根源有了一定的认识。请记录自己的活动表现和感想。

活动名称	“不良社会公德现象”调查	活动时间	
收获与感悟：			

心灵沟通 以“不良社会公德现象及原因分析”为主题组织感悟课活动，每节课设计 2～3 个环节，每位同学都要上台发言交流，根据情况可用 1～3 个感悟课时完成本主题。

1．活动形式：“不良社会公德现象”场景模拟再现。

2．活动准备：各小组提前讨论选择本小组在社会调查中发现的不良社会公德典型案例，编写剧本，分角色排练。

3．值周班长主持感悟课。

（1）分组活动：各小组代表表演“不良社会公德现象”。

（2）典型发言：各小组推荐代表交流发言。

（3）总结评价：班干部总结评价本次活动，指出活动开展的成功和不足之处，提出今后努力方向。

友善点评 在同学们的积极参与下，“不良社会公德现象”调查及感悟课活动顺利进行，每个同学的思想认识有了进一步的提高。请同学和老师对自己指点帮助，这将是对我们的又一次鞭策和帮助。

留　言　板
同学一：
同学二：
同学三：
教师点评：

建言献策 建设和谐社会，就要减少和消除不良社会公德现象，如何让失德现象成为“过街老鼠”，请谈谈你的高见。每天生活在校园，我们还看到哪些不良社会公德现象？我们应该怎么办？

建议：

行动点滴　不良社会公德现象是社会中不和谐的音符，时常会搏动有良知者的心脉。请记下在不良社会公德现象调查研究活动中令你难忘的片段。帮助身边的人减少和消除不良社会公德现象，我们在行动，不妨把那些难忘的瞬间记录在案。（文字、图片、微信等）

年　月　日　　星期　　天气

____

____

____

年　月　日　　星期　　天气

____

____

____

年　月　日　　星期　　天气

____

____

____

活动 2　寻找最美社会公德瞬间

创设情境　社会公德绝不是什么新生事物，是人类在长期的社会实践中逐步积累起来的、全体社会成员必须共同遵守的、简单且最起码的公共生活准则。下面大家共同来看一则故事。

很久以前，有位国王要挑选一个诚实的孩子做王位继承人。国王吩咐大臣给全国的每个孩子发一些花种，并宣布：谁能用这些种子培育出最美丽的花，谁就是他的王位继承人。

有个叫明信的孩子，他十分用心地培育花种。五天过去了，十天过去了，整整一个月的时间过去了，花盆里的种子却不见发芽。明信又给种子施了些肥，浇了点水。他天天看啊，看啊，可种子就是不发芽。

国王规定的日子到了。许许多多的孩子捧着盛开着鲜花的花盆拥上街头。国王从孩子们的面前走过，看着一盆盆鲜花，脸上没有一丝高兴的表情。突然，国王看见了手捧空花盆的明信。他停下来问："你怎么捧着空花盆呢？"明信把花种不发芽的经过告诉了国王。国王听了，高兴地拉着他的手，说："你就是我的继承人！"

孩子们不解地问国王："为什么您让他做继承人呢？"国王说："我发给你们的花种都是煮

熟了的，这样的种子能培育出美丽的鲜花吗？”

启发与感想

1．明信身上体现了什么优秀品质？我们看到了哪种社会公德？

____

____

2．你身上具备哪些值得自豪的社会公德？

____

____

3．你发现身边的人身上有哪些值得我们学习的社会公德？

____

____

体验活动 生活中，不是缺少美，而是缺少发现。借你的慧眼，发现身边的最美。感动就在我们身旁，美好就在我们身边。塑造“最美”，学习“最美”，这是一种风向标，是永不褪色、永不过时的潮流。

请拿起我们的手机或相机，寻找最美社会公德，发现人性的可爱，让美的瞬间成为永恒。动起手来，我们就成为精神文明的传播使者。开展“寻找最美社会公德瞬间”图片展览活动。活动分三个阶段。

1．寻找搜集：利用课余时间寻找发现生活中展现社会公德的最美的人物言行，用手机或相机拍摄下来。

2．小组展评：每人选取 5 幅最好的照片冲洗出来，参加组内展评，评出最具有代表意义的图片。

3．班级展评：各组评选出来的图片在班内展览，全体同学参与点评，最后评出 30 幅优秀作品。

感悟表达 观看最美社会公德图片展，写感悟日记，用文字记录自己在活动中的表现，描写给自己留下印象最深最美的片段，分析得与失，与同学分享自己的感悟。

活动名称	寻找最美社会公德瞬间	活动时间	
收获与感悟：			

心灵沟通 以“寻找最美社会公德瞬间”为主题组织感悟课活动，每节课设计3个左右环节，每个同学都要上台发言交流，根据情况可用一至多个感悟课时完成本主题。

1．活动主持：值周班长。

2．活动过程。

（1）分组活动：各小组讨论活动经历（组长主持），总结小组成果。

（2）典型发言：各小组推荐代表交流发言，相互启迪，共同提高。

（3）点评激励：对各小组代表发言进行自由点评，深化活动主题，激励共同进步。

3．活动总结：班主任总结评价本次活动，指出活动开展的成功和不足之处，提出今后努力方向。

友善点评 通过“寻找最美社会公德瞬间”摄影、图片展以及感悟课活动，同学们接受了一次次最美社会公德熏陶，大家的出色表现令人感动，友善点评会对同学们的公德意识进行再一次提升。

留　言　板
同学一：
同学二：
同学三：
教师点评：

建言献策 人人遵守社会公德，个个争创文明之星，建设和谐校园、和谐社会。你还有什么好的想法或建议？

建议：

行动点滴 摄图片，观展览，学榜样，倡导社会公德，人人争做社会公德标兵。请记录自己在实践探讨活动中留下的美好记忆。（文字、图片、微信等）

年　月　日　　星期　　天气

年　月　日　　星期　　天气

年　月　日　　星期　　天气

3 创业创新

2015 年李克强总理在《政府工作报告》中明确提出“大众创业，万众创新”，推动大众创业、万众创新是充分激发亿万群众智慧和创造力的重大改革举措，是实现国家强盛、人民富裕的重要途径。“双创”可以促使众人的奇思妙想变为现实。“双创”中有挑战更有机遇，既会滴下辛勤的汗水，也有望迎来丰收场景。“一支竹篙耶，难渡汪洋海；众人划桨哟，开动大帆船。”在全面深化改革的征途上，推进大众创业、万众创新，是中国发展的动力之源，也是富民之道、强国之策。

作为新时代的职专生，我们肩负伟大的强国使命，敢于创业、勇于创新应该成为我们不懈追求的目标。开展创业策划，尽早思考和践行创业行动，将会使我们的学校学习更好地与社会需求无缝对接。收集创新案例，培养创新思维，结合生活和学习实际尝试开展创新活动，努力让自己成为创新型人才。

◆ **活动时间**

二年级下学期，约5月上中旬。

◆ **活动内容**

1. 中职生创业规划

开展创业规划设计。作为中职生，我们是否可以尝试一下创业呢？我们不妨设计一个创业规划，并设计出创业的阶段计划和措施。

2. 创新的力量

开展创新案例征集活动。寻找身边的、以前的或者现在的创新榜样，向他们学习致敬。训练创新思维，提高创新能力。

◆ **活动目的**

开展创业创新教育，练就创业创新本领，创造辉煌人生，服务人民大众。

活动1 中职生创业策划

创设情境 什么是创业？创业是创业者对自己拥有的资源或通过努力对能够拥有的资源进行优化整合，从而创造出更大经济或社会价值的过程。白手起家，一无所有地去开创自己的事业，叫创业。用非常有限的资金，从小做起也叫创业。我们为什么要创业？创业就是为了赚更多钱，让自己和身边的人过更好的生活；创业就是我们不断地突破“心理舒适区”，不断地发现自己的问题和缺点，不断地完善自己的过程；创业就是要创造一个发挥个人才能的平台，实现自我价值，得到社会的认可。

作为中职生，我们如何立足实际进行创业呢？下面我们先来欣赏一个当代青年的创业故事。

张伯的儿子水生读完大学回农村来了！消息传开，村里炸开了锅。现在农村里稍有点能力的谁不外出打工挣钱，留守在家里的可都是些老弱病残。村里人都说水生这小子没出息，怕是在城里混不下去了。

张伯听了这些话，一直生闷气不理睬水生。水生对张伯说：“爹，我的事你别操心，现在每年毕业的大学生几百万，大家都挤破脑袋想留在城里，可现实是总有一些大学生不能如愿。相反，农村荒了那么多的地却没人种，可惜啊！我回来可是要当地主的。”

张伯更气了：“村里现在到处都荒着地，你娃有本事就全拿去种了。”水生笑了：“这些地我打算都租了，不过我不种，我要让那些高高在上的城里人交钱来种！”

水生找到村支书要求把全村人召集起来开会。水生说：“乡亲们，大家种一亩地一年纯收入也就300来块钱吧，我决定以每亩每年500块钱的租金把你们的荒地全租了。”水生与村民们签订了土地租用合同。

水生请人把荒地一亩一亩划出来，标上号。然后，水生拿着相机对着野草萋萋的荒地一一拍了照。干完这些，水生就进了城。

一个月后的星期天，水生回来了，屁股后面领着浩浩荡荡的一队小车，小车上下来的全是衣着光鲜的城里人。这些人一下车就随了水生直奔向荒地，挽起裤脚衣袖，就动手拔起草来……

一个上午的时间，这些城里人就把荒地给整理出来，一个个累得满头大汗还大呼过瘾。

一直闹腾到傍晚，城里人才开着车子走了。村支书问水生："请城里人来除草、种地，比请我们村里人要多花很多钱吧？"

水生拍拍手中鼓鼓囊囊的提包，说："这里面装的可都是来的那些城里人给的钱啊！他们是交钱来打工！"水生请村支书再次召集村民们，把钱按合同给各家各户都付了。

大家听了都恍然大悟，直夸水生有头脑。水生说："这不算什么，以后我还准备带领大家搞季节性农活体验活动、时令水果采摘活动、果树认种认养活动、钓鱼捉虾趣味体验……让城里人到我们乡下来交钱打工，发展真正农家乐，到时我们就当好数钱的地主吧。"

启发与感想

1．从上述创业故事中，我们可以看出水生是一个什么类型的青年？

____

____

2．水生创业成功的动力何在？

____

____

3．水生创业能够成功对我们有何启示？

____

____

体验活动 千里之行始于足下，作为一名职专生，你准备确定怎样的人生目标呢？我们不妨从现在开始做一个创业规划。项目可大可小，资金投入量力而行。参考模板如下。

一、项目概况
1．项目名称 2．项目领域 3．资金投入
二、项目筹备
1．资金来源 2．技术支持 3．场地准备 4．相关手续办理 5．市场调查与分析
三、项目管理
1．组织机构 2．人员分工 3．生产 4．销售 5．经营

四、预期目标
五、项目保障
六、风险与对策
说明：根据创业项目需要，适当增加或减少策划书中的子条目。

结合实际，请适时对规划方案进行恰当调整，进一步完善自己的创业设计策划书。根据完善后的创业设计策划书，有计划地开展创业实践。

感悟表达 写感悟日记，用文字记录自己在创业规划设计活动中的表现，描写给自己留下印象最深最美的片段，分析得与失，与同学分享自己的感悟。

活动名称	创业规划设计	活动时间	
收获与感悟：			

心灵沟通 以“创业规划设计”为主题组织感悟课活动，每节课设计 2～3 个环节，每个同学都要上台发言交流，根据情况可用 1～3 个感悟课时完成本主题。

1．活动主持：值周班长。

2．活动过程。

（1）分组活动：各小组讨论活动经历（组长主持），总结小组成果。

（2）典型发言：各小组推荐代表交流发言，相互启迪，共同提高。

（3）点评激励：对各小组代表发言进行自由点评，深化活动主题，激励共同进步。

3．活动总结：班主任总结评价本次活动，指出活动开展的成功和不足之处，提出今后努力方向。

友善点评 通过创业规划及评比活动，经过感悟课交流，同学们欣赏到他人的智慧，也表现了自己的精彩。请通过友善点评再次点燃创业激情。

留　言　板
同学一：
同学二：
同学三：

教师点评：

建言献策 敢想敢干，大胆创业，在创业中提升能力，在创业中成就梦想，你还有何创想不妨记录在案。

建议：

行动点滴 请记录自己在创业规划设计活动中的智慧闪现和难忘片段。（文字、图片、微信等）

年　月　日　　星期　　天气

年　月　日　　星期　　天气

年　月　日　　星期　　天气

活动 2　创新的力量

创设情境 没有创新，就没有发展。没有创新，就没有未来。人类社会从低级到高级、从简单到复杂、从原始到现代的进化历程，就是一个不断创新的过程。创新是一个民族进步的灵魂，是一个国家兴旺发达的不竭动力。

在科学技术飞速发展的今天，创新意识和创新能力越来越成为一个国家国际竞争力和国际地位的最重要的决定因素。我国要到 2050 年左右赶上或超过世界发达国家，成为具有高度物质文明和精神文明的社会主义现代化强国，作为实现这个宏伟计划的祖国未来事业的继承者，我们必须具有创新精神和创新能力。

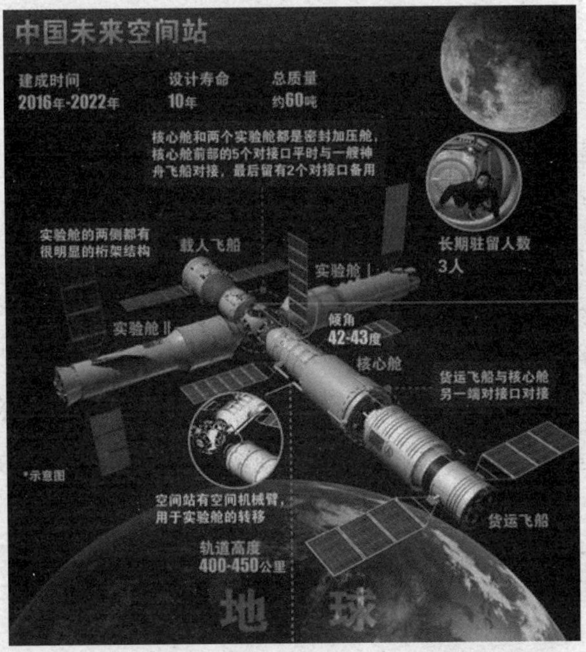

作为中职生，培养创新思维能力，开展创新活动，成为创新型人才应该成为我们追求的目标。下面我们共同来欣赏一个案例。

很久以前，有一家酒店的电梯不够用，打算增加一部，于是酒店请来了建筑师和工程师，商讨如何增设新的电梯。专家们一致认为，最好的办法是每层楼都打个大洞，直接安装新电梯。方案定下来后，两位专家坐在酒店前厅商谈工程计划。他们的谈话被一位正在打扫卫生的清洁工听到了。清洁工说："每层楼都打个大洞，肯定会尘土飞扬，弄得乱七八糟的。"工程师瞥了清洁工一眼，不屑地说："那是难免的，你说该怎么办呢？"由于清洁工天天在这里上班，对这座楼十分熟悉，再加上他善于观察，留意生活，他立即说："我会把电梯装在楼外。"

工程师和建筑师听了这话，相视片刻，不约而同地为清洁工的这一想法叫绝。于是，便有了近代建筑史上的伟大变革——把电梯装在楼外。

启发与感想

1．在上述故事中，你认为清洁工、工程师和建筑师谁是专家？你如何看待专家？

2．工程师和建筑师陷入困境的原因是什么？

3．清洁工实现建筑史上的伟大变革——把电梯装在楼外，对我们有何启示？

体验活动 “不是我不明白，这世界变化快”，没有创新就没有发展，观念要创新，思路要创新，方法也要创新。开展创新案例收集活动，学习借鉴，启迪发展。活动要求：人人参与，个个锻炼，全面发展。

1．案例收集：以组为单位，开展创新案例收集活动。

2．分享交流：大家分享，案例发表感想，相互交流，共同提高。

3．评判奖励：组成学生评委，评出优秀创新案例予以表彰。

4．案例留存：将收集的创新案例按照不同类型装订成册，以便持续交流和留存纪念。

感悟表达 写感悟日记，用文字记录自己在创新案例收集活动中的表现，描写给自己留下印象最深最美的片段，分析得与失，与同学分享自己的感悟。

活动名称	创新案例收集	活动时间	
收获与感悟：			

心灵沟通 以“创新案例收集活动”为主题组织感悟课活动，每节课设计 2～3 个环节，每个同学都要上台发言交流，根据情况可用 1～3 个感悟课时完成本主题。

1．活动主持：值周班长。

2．活动步骤。

（1）分组活动：各小组围绕主题开展讨论活动（组长主持）。

（2）典型发言：各小组推荐优秀代表参加班级交流发言，展示小组风采。

（3）点评激励：对各小组代表发言进行自由点评，深化活动主题，释放智慧火花。

3. 活动总结：班主任总结评价本次活动，指出活动开展的成功和不足之处，提出今后努力方向。

友善点评 收集创新案例，开展感悟课活动，每个同学的表现大家历历在目。请在留言板上留下同学和老师的宝贵意见。

留　言　板
同学一：
同学二：
同学三：
教师点评：

建言献策 激发智慧火花，创造美好生活，在我们现实生活中，你有哪些创新的想法或建议？

建议：

行动点滴 榜样的力量是无穷的，创新更是永无止境。人人开展创新行动，推动我们的学习、工作和生活不断进步。开展创新案例收集，留下不少美好记忆。赶快拿起笔来，记录下自己在活动中留下的精彩瞬间。（文字、图片、微信等）

年　月　日　　　星期　　　天气

年　月　日　　　星期　　　天气

年　月　日　　　星期　　　天气

4 终身学习

学习是人类认识自然和社会，不断完善和发展自我的必由之路。学习将伴随人的整个生活历程并影响人一生的发展，人们要适应不断发展变化的客观世界，就必须把学习从单纯的求知变为生活的方式，努力做到活到老、学到老，终身学习。

学习伴随终生，方能走好人生。在社会竞争日益激烈的今天，优胜劣汰、适者生存已成为不二法则，学习就显得更为重要。学习必须打破年龄的束缚，打破时空的束缚。当今社会，谁掌握了学习的先机和主动权，谁就抢占了生存和发展的制高点。是否具备终身学习的意识和很强的学习能力，不仅关系到个人的生存和发展，也关系到国运兴衰。只有学习才能帮助我们每一个人直接与新时代的需要相连。主动学习，享受学习，在不断学习中发展自己，提高服务社会的本领。

◆ 活动时间

二年级下学期，约 5 月中下旬。

◆ 活动内容

1. 学习伴随终生

组织“学习伴随终生”征文活动。记录各类学习榜样，书写个人感悟，确立终身学习志向，制订学习计划，落实学习行动。

2. 学有所乐

编办“学有所乐”手抄报。认识“学习无疑是一件艰苦但又能带给人充实感和成就感的事”，激发学习的快乐，挑战学习潜能，发挥学习特长，展现自我风采，实现学有所乐，学有所获，学有所成，学有所长。

◆ 活动目的

树立终身学习理念，养成终身学习习惯，实现不断进步。

活动1　学习伴随终生

创设情境 俗话说：“一天不学习自己知道，两天不学习对手知道，三天不学习大家都知道。”知无涯，生有涯，活到老，学到老，还有三分学不到。

农耕时代，一个人读几年书够用一辈子；工业经济时代，读十几年书也够用一辈子；知识经济时代，只有终身学习，才不会被日趋激烈的竞争淘汰出局。让学习成为习惯，让学习伴随终生，让人生更加精彩。

下面我们来共同看看百岁老人赵慕鹤先生的学习生涯。

赵慕鹤，1912 年出生于山东省金乡县。1948 年，国共内战，因“黑五类”身份，他从金乡一路南逃，1951 年偷渡到台湾。到 66 岁退休，赵慕鹤一直做着一份普通的行政工作，过着普通人的普通生活。

或许是嫌退休后的生活太过苦闷，75 岁时的他，背起背包独自到欧洲旅行。很多人劝他：你一大把年纪英语只会 Yes 和 No，存款又不多，别去冒险。他却说：若出国一趟要准备很久，要有钱又懂语言，那三辈子都出不了国！五个月花费 3.2 万他独自一人游历了英、法、德，顺利归来……

1998 年赵慕鹤 87 岁，赶上孙子考大学，为鼓励孙子念书，他也临时报了名，结果祖孙二人双双落榜。事后他却发现：学习是保持青春的一大秘诀——脑子动，人就活！

第二年他卷土重来，这次祖孙二人成功进入大学。一家人正高兴时却有人跑来泼冷水：你能读完我给你下跪！花了四年时间修满了 128 个学分，与孙子一起拿到学士学位，赵慕鹤让质疑他的人哑口无言。

毕业后的他并未就此闲适下来，竟出人意料地跑去医院，93 岁的他当起了义工照顾年纪比他小的病人。逢年过节，为医院的病人送去祝福，倒尿壶、换纸尿裤、日夜照护。这一做就是两年，直到医院觉得他年纪太大了，不准他再做，他才停下来。

但他自己却根本闲不下来，又和朋友的儿子相约，一起考研究所，挑灯夜战三个月，一次就考入了南华大学哲学研究所。每次老师进课堂，赵慕鹤都会使劲站起来向老师鞠躬，这是他的老派作风，每堂课都如此。

读研期间，他每天早上 6 点乘火车到学校，晚上回到家里时已是 9 点，到家后他还要坚持练两个小时的书法。三年时间里，他仅有一次迟到记录，老师发现他进教室走路不对劲，一问才知道他在路上被电动车撞倒了。他却拒绝去医院，而是要坚持把课上完。98 岁，他成为了全球最老硕士。

决定做什么事情，就要对自己狠一点。否则，什么也做不成。

生活中的他坚持靠自己，不论是买菜、切菜、炒菜，还是洗衣。

他拒绝采访记者的好心搀扶，因为他觉得“一靠别人，就老了”。

除了旅行、学习，他平时最大的爱好就是书法。从小随清朝拔贡赵朝仪学习鸟虫体书法，他坚持写了100年。2011年他的书法作品被拥有250年历史的大英图书馆永久收藏。几十年来，他将书法义卖募得的千万元巨款无偿捐献给贫寒学子。

今年105岁的他，又开始到清大中文系旁听，准备攻读博士。为了方便买车票、看病挂号，他开始学电脑、学上网、学英文。一次老朋友打趣道：老赵，你都要死了，还学什么电脑啊？“可是，我现在还活着啊。”两人相视大笑。

不改初心，“活到老，学到死”。

启发与感想

1．支撑赵慕鹤老先生不断学习的动力是什么？

____

____

2．从赵慕鹤老先生酷爱学习的故事中，我们受到了什么启发？

____

____

3．你认为从赵慕鹤老先生身上我们还可以借鉴哪些宝贵的品质？

____

____

体验活动 组织“学习伴随终生”征文活动。

1．人人参与，精心准备，定好提纲，收集资料，加工润色，写出精品。
2．各小组推荐一定数量的优秀作品参加班级展览、交流。
3．班级组成学生评委组，对入围的学生作品进行评奖。
4．举办班级获奖作品展览，同学们观看后发表感想，分享交流，明确方向，共同提高。
5．文稿装订成册便于同学们相互交流学习和留存纪念。

感悟表达 根据参加“学习伴随终生”征文活动的经历，写感悟日记。记录自己在本次征文活动中的表现及和同学们相互交流过程中的感想，与大家一起分享自己的收获与感悟。

活动名称	“学习伴随终生”征文	活动时间	
收获与感悟：			

心灵沟通 以“学习伴随终生”为主题组织感悟课活动，每节课设计2～3个环节，每个

同学都要上台发言交流，根据情况可用1～3个感悟课时完成本主题。

1．活动主持：值周班长。

2．活动步骤。

（1）分组活动：各小组围绕主题开展讨论活动（组长主持）。

（2）典型发言：各小组推荐优秀代表参加班级交流发言，展示小组风采。

（3）点评激励：对各小组代表发言进行自由点评，深化活动主题，激励共同进步。

3．活动总结：班主任总结评价本次活动，指出活动开展的成功和不足之处，提出今后努力方向。

友善点评 通过参加“学习伴随终生”征文及感悟课活动，每个同学都认识到终身学习的重要性，友善点评是对“学习伴随终生”的又一次认识。

留　言　板
同学一：
同学二：
同学三：
教师点评：

建言献策 树立终身学习观念，不仅要“活到老，学到老”，更要珍惜眼前光阴，从现在做起。面对当前的学习，我们应该怎么做？

建议：

行动点滴 通过参加“学习伴随终生”征文活动和感悟课上的交流，相信同学们在认识上有了提高，在行动上有了进步，请记录自己在“学习伴随终生”征文活动中留下的美好记忆。（文字、图片、微信等）

年　月　日　　星期　　天气

____

____

____

年　月　日　　星期　　天气

____

____

____

年　月　日　　星期　　天气

____

____

____

活动2 学有所乐

创设情境 在学习中，我们常常能得到许多乐趣与知识。对于历史上那些善于学习，乐于学习的人，书本是其最好的朋友。那么，在他们的生活中，又有过哪些关于读书的故事呢？名人读书的幽默故事，带你走进他们的世界。

1. 张广厚吃书

数学家张广厚有一次看到了一篇关于亏值的论文，觉得对自己的研究工作有用处，就一遍又一遍地反复阅读。这篇论文共 20 多页，他反反复复地念了半年多。因为经常反复翻摸，洁白的书页上，留下一条明显的黑印。他的妻子对他开玩笑说，这哪叫念书啊，简直是吃书。

2. 高尔基救书

世界文豪高尔基对书感情独深，爱书如命。有一次，他的房间失火了，他首先抱起的是书籍，而对其他的任何东西都不考虑。为了抢救书籍，他险些被烧死。高尔基说：“书籍一面启示着我的智慧和心灵，一面帮助我在一片烂泥塘里站起来，如果不是书籍的话，我就沉没在这片泥塘里，我就要被愚蠢和下流淹死。”

3. 侯宝林抄书

相声语言大师侯宝林只上过三年小学，靠勤学苦练，造就了他炉火纯青的艺术水平，最终成为有名的语言专家。一次，为了买到自己想要的一部明代笑话书《谑浪》，侯宝林跑遍了北京城所有的旧书摊也未能如愿。后来，当他得知北京图书馆有这部书时，就决定把书抄下来。适值冬日，顶着狂风，冒着大雪，侯宝林一连十八天都跑到图书馆里去抄书，一部十多万字的书，终于被他抄录到手。

4．鲁迅卖奖章

鲁迅在南京江南水师学堂读书时，因为考试成绩优异，学校奖给他一枚金质奖章。鲁迅没有佩戴此奖章，来作为炫耀自己的凭证，而是拿到鼓楼大街把它卖了，用卖奖章的钱买回几本心爱的书和一串红辣椒。每当读书读到夜深人静、天寒体困时，他就摘下一只辣椒，分成几片，放在嘴里咀嚼，一直咀嚼得额头冒汗，眼里流泪，嘴里“唏唏”时，又捧起书继续攻读。

5．王亚南锯床

王亚南小时候胸有大志，酷爱读书。他在读中学时，为了争取更多的时间读书，特意把自己睡的木板床的一条脚锯短半尺，成为三脚床。每天读到深夜，疲劳时上床去睡一觉后迷糊中一翻身，床向短脚方向倾斜过去，他一下子被惊醒过来，便立刻下床，伏案夜读。天天如此，从未间断。结果他年年都取得优异的成绩，被誉为班内的“三杰”之一。他由于少年时勤奋刻苦读书，后来，终于成为我国杰出的经济学家。

6．况衡偷光

况衡，字稚圭，西汉东海（汉郡名，今江苏省邳县以东至海，连山东省滋阳县以东至海地区）人。他出身农家，祖父、父亲世代都是农民。传到匡衡，却喜欢读书。他年轻时家里贫穷，白天给人做雇工来维持生计，晚上才有时间读书。可是家里穷得连灯烛也点不起。邻家灯烛明峦，却又照不过来。匡衡就想出个法子，在贴着邻家的墙上凿穿一个孔洞，“偷”它一点光亮，让邻家的灯光照射过来。他就捧着书本，在洞前映着光来读书。

启发与感想

1．在上述故事中，这些名人的共性是什么？

____

____

2．在上述人物中，你最敬佩哪一个？

____

____

3．学习他人，做好自己，下一步在学习方面你有何新的打算？

____

____

体验活动 挑战学习潜能，发挥学习特长，展现自我风采。精彩的中职生活，学有所乐，学有所长。快乐的中职学校活动，给我们留下许多人生美好的记忆。编办以“学有所乐”为主题的手抄报。

1．人人参与，精心准备，巧妙设计，力求出彩。

2．以班、组为单位组织展览、交流。

3．组成学生评委组，点评激励学生作品。

4．学生发表感想，分享交流，明确方向，共同提高。

5．班级选出优秀手抄报，装订成册，留存纪念。

感悟表达 通过编办以“学有所乐”为主题的手抄报，你现在对“学有所乐”是不是有了新的认识？在资料收集和自我剖析、反思过程中，相信你一定也有不少话想说吧！那么，就请你写下来吧！

活动名称	编办“学有所乐”手抄报	活动时间	
收获与感悟：			

心灵沟通 以“学有所乐”为主题组织感悟课活动，每节课设计 2～3 个环节，每个同学都要上台发言交流，根据情况可用 1～3 个感悟课时完成本主题。

1．活动主持：值周班长。

2．活动步骤。

（1）分组活动：各小组围绕主题开展讨论活动（组长主持）。

（2）典型发言：各小组推荐优秀代表参加班级交流发言，展示小组风采。

（3）点评激励：对各小组代表发言进行自由点评，深化活动主题，激励共同进步。

3．活动总结：班主任总结评价本次活动，指出活动开展的成功和不足之处，提出今后努力方向。

友善点评 通过编办“学有所乐”手抄报及参加“学有所乐”感悟课活动，每个同学对“学有所乐”都有了正确的认识，友善点评是同学和老师对自己的又一次鞭策和激励。

留　言　板
同学一：
同学二：

同学三：
教师点评：

建言献策　书山有路趣为径，学海无涯乐作舟。学习苦中有乐，如何快乐学习，你还有什么好的想法或建议？

建议：

行动点滴　编办“学有所乐”手抄报活动，总会有一些令人难以忘怀的浪花飞溅，我们不妨记录在案。（文字、图片、微信等）

年　月　日　　星期　　天气

年　月　日　　星期　　天气

年　月　日　　星期　　天气

5 知责尽责

感恩是做人的根本，责任则是做事的准则。识责知责、履责尽责，在不辱使命中激活潜能，在不负重托中彰显风采。知责明责，就是要明晰责任，懂得责任。守责尽责，就是要恪尽职守，尽职有为。履职担责，就是要勇于担当，善于负责。如果人人都能敢于担责，世界将变成美好的人间。

培养责任意识，想干事；提高责任能力，能干事；付出责任行为，真干事；结出责任成果，干成事。开展尽责标兵评选活动，突出同学评，评同学，相互学，同提高，推选出可敬、可信、可亲、可学的先进人物，让有责任、能担当、做事认真、尽职尽责成为时代风尚。

◆ 活动时间

二年级下学期，约 6 月份，历时 2～3 周。

◆ 活动内容

1. 我看责任

举办“我看责任”演讲活动。收集关于“责任”的格言、事例，撰写演讲稿，举办演讲活动，畅谈个人看法，明确自己的责任，激励大家人人主动担责尽责。

2. 寻找身边的尽责榜样

评选尽责标兵。从群众中来，到群众中去，从大家身边，推选出大家看得见、摸得着、学得到的尽责榜样，以尽责标兵，引领时代风标。

◆ 活动目的

明确责任意识，做到知责、明责、负责、尽责。寻找身边的榜样，树立身边的典型，学习榜样，人人担当。

活动 1 我看责任

创设情境 责任是分内应做的事情，是对他人对社会都应尽的义务，也是应当承担的任务，应当完成的使命，应当做好的工作。责任，是一种挺身而出、尽忠职守、利居众后、责在人先的可贵品质，是志士仁人薪火相传的思想标杆，是华夏子孙生生不息的精神动力。

我们先来阅读一则简短著名的演讲稿。

1944 年盟军在诺曼底登陆胜利后，时任盟军最高统帅的艾森豪威尔将军发表了激情洋溢的演讲：“我们已经胜利登陆了，德军被打败，这是大家共同努力的结果，我向大家表示感谢和祝贺！”其实，事后得知，为应对诺曼底登陆作战的不确定性，艾森豪威尔还另外准备了一份内容完全相反的演讲稿：“我们登陆失败了。这完全是我个人决策和指挥的失败，我愿意承担全部责任，我向所有人道歉！”

启发与感想

1．在上述故事中，你认为艾森豪威尔将军最可贵的品质是什么？

______

______

2．我们该如何对待荣誉与责任？

______

______

3．假如你是一个团队负责人，该如何凝聚人心获取事业成功？

______

______

体验活动　组织“我看责任”演讲活动。人人参与，精心准备，每人都写好演讲稿；积极发言，仔细聆听，大胆点评。

1．小组内开展“我看责任”演讲活动，评出小组“我看责任”最佳演讲同学。
2．各小组选出优秀同学参加班级演讲活动，评出班级“我看责任”演讲标兵。
3．组织学生评委组，点评演讲情况。
4．自由发言，发表感想，分享交流，共同提高。
5．班级优秀演讲稿装订成册，留存纪念。

感悟表达　通过开展“我看责任”演讲活动，你现在对“责任”是不是有了新的认识？在演讲稿撰写、观看演讲及同学交流点评过程中，相信你一定也有不少话想说吧！那么，就请把你的思想流淌在笔端。

活动名称	“我看责任”演讲活动	活动时间	
收获与感悟：			

心灵沟通　以“我看责任”为主题组织感悟课活动，每节课设计 2～3 个环节，每个同学都要上台发言交流，根据情况可用 1～3 个感悟课时完成本主题。

1．活动主持：值周班长。

2．活动步骤。

（1）分组活动：各小组围绕主题开展讨论活动（组长主持）。

（2）典型发言：各小组推荐优秀代表参加班级交流发言，展示小组风采。

（3）点评激励：对各小组代表发言进行自由点评，深化活动主题，激励共同进步。

3．活动总结：班主任总结评价本次活动，指出活动开展的成功和不足之处，提出今后努力方向。

友善点评 通过参加“我看责任”演讲及感悟课活动，每个同学都认识到责任的重要性，友善点评是对责任认识的又一次升华。

留 言 板
同学一：
同学二：
同学三：
教师点评：

建言献策 培养责任意识，明确个人在学校、家庭和社会中的责任，你还有什么好的想法或建议？

建议：

行动点滴　责任就是担当，请随手写下自己或同学担当责任的精彩片段。（文字、图片、微信等）

年　月　日　　星期　　天气

____

____

____

年　月　日　　星期　　天气

____

____

____

年　月　日　　星期　　天气

____

____

____

活动 2　寻找身边的尽责榜样

创设情境　什么是责任？责任就是牢记使命，勇于担当；责任就是立足本职，尽职尽责。尽责担当是中华民族的优良传统，大禹“三过家门而不入”，诸葛亮“鞠躬尽瘁，死而后已”，范仲淹“先天下之忧而忧，后天下之乐而乐”，林则徐“苟利国家生死以，岂因祸福避趋之”，这些都是尽责担当的历史楷模。在我们身边，有许多敢于尽责的榜样，学榜样，明责任，勇担当。让我们共同寻找身边的榜样，人人争做尽责榜样。

给大家讲述一个真实的故事。

那天，阳光灿烂，一如既往，大连市公共汽车联营公司 702 路 422 号双层巴士司机黄志全，行车途中突然心脏病发作，在生命的最后一分钟里，他做了三件事。

——把车缓缓停在路边，用最后的力气提起手动车闸。

——把车门打开，请乘客安全下车。

——将发动机熄火，确保车辆与乘客的安全。

做完了这三件事，他趴在方向盘上停止了呼吸。

启发与感想

1. 巴士司机黄志全先生用生命给我们诠释了什么道理？

____

2．黄志全先生在生命的最后一分钟完成的三件事是职业习惯造就的吗？请你做出分析。

3．请谈谈你对职业素养和职业信念关系的理解。

体验活动 开展“寻找身边的尽责榜样”活动。

1．活动安排。

（1）小组内研讨推荐模范履行各项职责的组内标兵。

（2）班级研讨推荐模范履行各项职责的班级标兵。

（3）学校推荐模范履行各项职责的标兵。

（4）到社会上寻找发生在我们身边的尽责榜样。

2．活动研讨。

面对榜样，我们该怎么办？

3．活动宣传。

将经过层层推荐的“尽责榜样”的先进事迹写成书面材料或拍摄图片整理成册，进行交流传播，也可通过微信平台或网站等媒体进行宣传。

感悟表达 阅读案例，寻找身边的尽责榜样，我们不时有一种感动在心中。心有所动，何不流淌笔端？

活动名称	寻找身边的尽责榜样	活动时间	
收获与感悟：			

心灵沟通 以“寻找身边的尽责榜样”为主题组织感悟课活动，每节课设计 2～3 个环节，每个同学都要上台发言交流，根据情况可用 1～3 个感悟课时完成本主题。

1．活动主持：值周班长。

2．活动步骤。

（1）分组活动：各小组围绕主题开展讨论活动（组长主持）。

（2）典型发言：各小组推荐优秀代表参加班级交流发言，展示小组成果。

（3）点评激励：对各小组代表发言进行自由点评，深化活动主题，激励共同进步。

3．活动总结：班主任总结评价本次活动，指出活动开展的成功和不足之处，提出今后努力方向。

友善点评 通过参加“寻找身边的尽责榜样”及感悟课活动，每个同学都认识到榜样的力量，友善点评是对榜样力量认识的又一次升华。

留　言　板
同学一：
同学二：
同学三：
教师点评：

建言献策 学最好的别人，做优秀的自己。寻找尽责榜样，学习尽责榜样，你还有什么好的想法或建议？

建议：

行动点滴 你尽责，我担当，大家事大家干。请写下近期内自己或同学为班级、为学校所做的贡献。（文字、图片、微信等）

年　月　日　　星期　　天气

年　月　日　　星期　　天气

年　月　日　　星期　　天气

6 报效祖国

不论树的影子有多长，根永远扎在土里。不论我们走到哪里，我们都是炎黄子孙。祖国给个人的成长发展创造了条件，对个人创造的成果作出评价，为个人实现人生价值提供舞台、指明方向。我们祖国山川广阔，江河奔腾；我们祖国景色秀丽，欣欣向荣。脚踏祖国万里的疆土，头顶祖国湛蓝的晴空，黄河在我们血管中奔腾，热爱祖国是我们每个人的责任与义务。

“天下兴亡，匹夫有责”，我们每个同学都应该对生我养我的这片土地怀着深深的热爱和感激之情。立志成才，报效祖国，应该成为我们每个中华儿女永远的追求。青年一代只有自觉将个人梦想融入国家梦，将个人的幸福融入人民的幸福，尽情迸发青春的力量，挥洒青春的智慧，展示青春的价值，才能与祖国同奋进、与时代同发展。作为中职生，我们要把自己的爱国热情和理想抱负融化在刻苦学习、善于求知的实际行动中。

◆ 活动时间

二年级下学期，约 6 月份，历时 2～3 周。

◆ 活动内容

1. 爱我中华

举办“爱我中华”摄影展。古老历史，现代文明，壮丽山川，平凡瞬间，用爱的视角，发现感人的美，留下美丽中华人和物，激发爱国热忱。

2. 职专生如何报效祖国

组织“职专生如何报效祖国”主题班会。激励同学们把个人志向定位于报效祖国的远大抱负，把自己的梦汇入中华民族伟大复兴的中国梦，把强烈的爱国热情、远大的报国志向，转化为我们的实际行动。

◆ **活动目的**

开展爱国主义教育，努力学习，练好本领，勤奋工作，报效祖国。

活动1 爱我中华

创设情境 物华天宝，大国泱泱。五千年文明，三千年文字，两千年文学，中华儿女用自己的勤劳智慧缔造了无数辉煌，为万里河山打造出一派风光。秦砖汉瓦，唐宋清风，骠骑千里，康乾盛世，每一笔都是浓墨重彩的骄傲。巍巍华夏，领世界风骚几千年，何等风光!辽阔国土，万水千山，火箭驰骋，卫星纵横。壮哉中华，美哉中华！

网络时代，人人都是拍客。爱我中华，用手中的相机或手机，展现中华神韵、华夏风采。传递华夏文明，抒发爱国情怀。行动起来吧！

体验活动 组织“爱我中华“摄影展。请拿起我们的手机或相机，寻找最美中华，让美的瞬间成为永恒。

具体任务：每个同学拍摄10幅作品，小组汇总，总结交流评出30幅优秀作品，参与班级交流。最后全班选出100幅优秀作品开展展览。

活动提示：

1．人人参与，捕捉精彩瞬间；
2．各小组推荐一定数量的优秀作品参加班级展览、交流；
3．班级组成学生评委组，对入围的学生作品进行评奖；
4．举办班级获奖作品展览，同学们观看后发表感想，分享交流，明确方向，共同提高；
5．优秀作品汇编成册，留存纪念。

感悟表达 通过参与以“爱我中华”为主题的摄影活动，以及举办“爱我中华”优秀摄影作品展和参观摄影展后的交流活动，结合个人实际，确定个人奋斗目标，践行爱国志向。用文字记录自己在“爱我中华”摄影活动中的表现，描写给自己留下印象最深最美的片段，分析得与失，与同学分享自己的感悟。

活动名称	“爱我中华”摄影活动	活动时间	
收获与感悟：			

心灵沟通 以“爱我中华”为主题组织感悟课活动，每节课设计 2～3 个环节，每个同学都要上台发言交流，根据情况可用 1～3 个感悟课时完成本主题。

1．活动主持：值周班长。

2．活动步骤。

（1）分组活动：各小组围绕主题开展讨论活动（组长主持）。

（2）典型发言：各小组推荐优秀代表参加班级交流发言，展示小组成果。

（3）点评激励：对各小组代表发言进行自由点评，深化活动主题，激励共同进步。

3．活动总结：班主任总结评价本次活动，指出活动开展的成功和不足之处，提出今后努力方向。

友善点评 通过参与以“爱我中华”为主题的摄影活动、优秀摄影作品展以及参观摄影展后的感悟交流活动，大家进一步增强了爱国热情，友善点评是对爱国情怀的又一次升华。

留　言　板
同学一：
同学二：
同学三：
教师点评：

建言献策 爱我中华见行动，我们还可以开展哪些活动，你还有哪些好的想法或建议？

建议：

行动点滴　参加了以"爱我中华"为主题的摄影活动，观看了"爱我中华"摄影展览，你胸中一定激荡起起爱国热情，那么，记录下你的感受，或你自己每天与爱国有关系的思想和言行。（文字、图片、微信等）

年　月　日　　星期　　天气

年　月　日　　星期　　天气

年　月　日　　星期　　天气

活动 2　职专生如何报效祖国

创设情境　一滴水，只有融入大海才不会干涸；一个人，只有同祖国的命运联系在一起才有发展前途。祖国，既是我们生存和立足的根本，也是我们力量和智慧的源泉。

建国初期，一大批爱国科学家放弃了国外优越的工作和舒适的生活，毅然回到当时那个一穷二白的中国。被誉为"中国航天之父""中国导弹之父""中国自动化控制之父""火箭之王”的著名科学家钱学森，就是其中突出的代表。

钱学森1935年赴美国留学。10年后，他成为当时一流火箭专家。由于发表了“时速为一万公里的火箭已成为可能”的惊人火箭理论而誉满全球。这位加州理工学院的教授在“二战”期间，跟其导师冯卡门参与了当时美国绝密的“曼哈顿工程”——导弹核武器的研制开发工作，在美国是一个屈指可数的稀世之才。

当中华人民共和国宣告诞生的消息传到美国后，钱学森和夫人蒋英按捺不住内心的喜悦，商量着早日赶回祖国，为自己的国家效力。此时的美国，以麦卡锡为首的反共代表，对共产党人实行全面追查，并在全美掀起了一股驱使雇员效忠美国政府的狂热。钱学森因被怀疑为共产党人和拒绝揭发朋友，被美国军事部门突然吊销了参加机密研究的证书。钱学森非常气愤，以此作为要求回国的理由。

然而，钱学森万万没想到，他的回国夙愿竟酿成了一场劫难！美国海军次长恶狠狠地说：“他知道所有美国导弹工程的核心机密，一个钱学森抵得上5个海军陆战师，我宁可把这个家伙枪毙，也不能放他回红色中国去！”

从此，美国对他的政治迫害接踵而至。移民局抄了他的家，在特米那岛上将他拘留14天，直到收到加州理工学院送去的1.5万美金巨额保释金后才释放了他。后来，海关又没收了他的行李，包括800公斤书籍和笔记本。他们硬说里面有机密材料。其实，在打包之前，钱学森已交他们检查过。美国检察官再次审查了他的所有材料后，证明他是光明磊落的。

钱学森在美国受迫害的消息很快传到国内，新中国震惊了！国内科技界的朋友通过各种途径声援钱学森。党中央对钱学森在美国的处境极为关心，中国政府公开发表声明，谴责美国政府在违背本人意愿的情况下监禁了钱学森。

周恩来抓住时机启动中美谈判，甚至不惜释放11名在朝鲜战争中俘获的美军高级将领作为交换，1955年10月，钱学森终于冲破重重阻力回到了祖国！

1956年参加中国第一个五年科学规划，钱学森与钱伟长、钱三强一起，被周恩来称为中国科技界的“三钱”，钱学森受命组建中国第一个火箭、导弹研究所——国防部第五研究院并担任首任院长。他主持完成了“喷气和火箭技术的建立”规划，参与了近程导弹、中近程导弹和中国第一颗人造地球卫星的研制，直接领导了用中近程导弹运载原子弹“两弹结合”试验，参与制定了中国近程导弹运载原子弹“两弹结合”试验，参与制订了中国第一个星际航空的发展规划，发展建立了工程控制论和系统学等。自1958年4月起，他长期担任火箭导弹和航天器研制的技术领导职务，为中国火箭、导弹和航天事业的发展做出了不可磨灭的巨大贡献。

启发与感想

1. 由于钱学森的回国效力，中国导弹、原子弹的发射向前推进了至少20年。钱老身上体现了强烈的爱国情操，我们有何感想呢？

____

____

2．从钱老身上我们还应该传承哪些精神呢？

3．爱国可以是惊天动地的贡献，也可以是平凡的举动。作为一名中职生，我们应该如何表达我们的爱国热情呢？

体验活动 开展“职专生如何报效祖国”主题班会。

1．活动准备。

（1）班会创意策划，确定主题班会的活动形式、活动流程、活动分工。

（2）营造氛围（准备视频、音乐、道具、会场布置、材料准备等）。

（3）邀请嘉宾。

2．活动安排。

（1）以小组为单位畅谈“职专生如何报效祖国”话题。

（2）各小组推出典型代表发言。

（3）组成学生评委组，点评激励学生发言。

（4）学生发表感想，分享交流。

（5）明确方向，共同提高，总结升华。

（6）整理文稿装订成册，以便相互交流学习和留存。

感悟表达 祖国是我们进取的动力，心中有了祖国，我们就明确了奋斗的目标。为了祖国，提升自我，积极向上。振兴中华，人人有责。请写下感悟日记，用文字记录自己在主题班会活动中的表现，描写给自己留下印象最深最美的片段，分析得与失，与同学分享自己的感悟。

活动名称	职专生如何报效祖国	活动时间	
收获与感悟：			

心灵沟通 以“职专生如何报效祖国”为主题组织感悟课活动，每节课设计 2～3 个环节，每个同学都要上台发言交流，根据需要可用 1～3 个感悟课时完成本主题。

1．活动主持：值周班长。

2．活动步骤。

（1）分组活动：各小组围绕主题开展讨论活动（组长主持）。

（2）典型发言：各小组推荐优秀代表参加班级交流发言，展示小组成果。

（3）点评激励：对各小组代表发言进行自由点评，深化活动主题，激励共同进步。

3．活动总结：班主任总结评价本次活动，指出活动开展的成功和不足之处，提出今后努力方向。

友善点评 通过参加“职专生如何报效祖国”主题班会及感悟课活动，每个同学都认识到自己肩负的使命，友善点评是对报效祖国行动的又一次鞭策。

留　言　板
同学一：
同学二：
同学三：
教师点评：

建言献策 用青春书写理想，用行动报效祖国，你还有哪些好的想法或建议？

建议：

行动点滴 爱国绝不是高不可攀的事，报效祖国不能仅仅停留在口头上，而是需要落实在实实在在的行动上。请记下自己或同学立足实际的爱国言语或行动。（文字、图片、微信等）

年　月　日　　星期　　天气

年　月　日　　星期　　天气

年　月　日　　星期　　天气

活动评价

时光流逝，我们收获丰硕。通过开展以“磨炼意志，适应社会”“增强素质，服务国家”为主题的两大模块实践活动，我们在实践和思考中不断成长。对照下列条件，结合个人实际，开展评比活动。

一、“文明之星”评比

（一）评比条件

1．品德佳：思想积极，要求上进；热爱祖国，关心集体；诚实守信，品行端正；关心同学，乐于助人，遵守社会公德；积极参加志愿者活动。

2．行为美：模范遵守校纪校规，自觉抵制不良倾向；热爱劳动，爱护公物，文明行为习惯养成好，仪容仪表整洁大方。

3．示范强：能在同学中起到良好的模范带头作用，在严格要求自己、为大家做表率的同时，敢于劝导、批评不文明行为，并带动、督促别人积极养成文明的行为习惯。

（二）评比时间

本学期期末。

（三）评比步骤

1．个人申请。

2. 小组评议。
3. 班级通过。
4. 学校批准。

“文明之星”申请表

<table>
<tr><td>姓名</td><td></td><td>班级</td><td></td><td>日期</td><td></td></tr>
<tr><td colspan="6">（主要申述个人在“文明之星”创建活动中的亮点及同学们的评价）</td></tr>
<tr><td colspan="6"></td></tr>
<tr><td colspan="6"></td></tr>
<tr><td colspan="6"></td></tr>
<tr><td colspan="6"></td></tr>
<tr><td colspan="6"></td></tr>
<tr><td colspan="6"></td></tr>
<tr><td>组级推荐结果</td><td colspan="5">组长签字</td></tr>
<tr><td>班级评比结果</td><td colspan="5">班长签字</td></tr>
<tr><td>校级评比结果</td><td colspan="5">签字（盖章）
年　月　日</td></tr>
<tr><td colspan="6">本人对评价结果的感悟：</td></tr>
</table>

二、“文明班级”评比

（一）评比条件

1. 班风良好：全班同学团结互助，积极向上，集体凝聚力强，思想品德整体水平高。
2. 学风端正：全班同学勤奋学习，努力钻研，认真完成作业，学习成绩良好。
3. 纪律严明：全班同学严格遵守上课、自修、宿舍、出操等各项校纪校规，自觉遵守考试纪律。
4. 卫生整洁：全班同学自觉遵守学校有关卫生管理制度，教室、宿舍、食堂和公共区域的卫生、保洁工作做得好。
5. 生活有序：经常美化教室、宿舍等，动手能力、生存能力强。
6. 活动丰富：积极参加学校组织的各项活动，班内活动丰富多彩，有一定的创造性。

（二）评比时间

本学期期末。

（三）评比步骤

1. 班级讨论。
2. 班级申请。
3. 班级通过。
4. 学校批准。

“文明班级”申请表

班名		年级		日期	
（主要申述本班在“文明班级”创建活动中的亮点及同学们的心声）					
校级推荐结果					
本人对评价结果的感悟：					

三、“尽责标兵”评比

（一）评比条件

1．热爱集体，积极主动承担班级、学校或社会工作。

2．爱岗敬业，认真负责，一丝不苟，忠于职守。

3．任劳任怨，不畏艰险，不计得失，无私奉献。

4．刻苦钻研，勇于创新，所负责工作成绩显著；

（二）评比时间

本学期期末。

（三）评比步骤

1．个人申请。

2．小组评议。

3．班级通过。

4．学校批准。

“尽责标兵”申请表

姓名		班级		日期	
（主要申述个人在“尽责标兵”创建活动中的亮点及同学们的评价）					
组级推荐结果				组长签字	
班级评比结果				班长签字	

校级评比结果	签字（盖章） 年　月　日
本人对评价结果的感悟：	

期末小结

一、个人小结

期末实践活动及学习情况小结

个人签字：
日　　期：

二、获奖情况

期末获奖统计表

获奖项目	文明之星		尽责标兵								三好学生		先进集体		奖项合计	
获奖级别	校级	班级	校级	班级	校级	班级	校级	班级	校级	班级	校级	班级	校级	班级	校级	班级
个人获奖																
小组获奖																
班级获奖																
备注	（由组长或个人填写或盖自行设计的具有本班特色的小章）															

三、成绩统计

学期成绩统计表

学科	语文	数学	英语										总分
成绩													
备注	（由组长或个人填写、盖章）												

四、综合评价

综合评价表

小组评语	组长签名	
班级评价	班主任签名	
教师评价	签名 签名 签名	
综合评价结果	（优秀、良好、合格）	
家长意见	家长签名	
本人感受	本人签名	
备注		